Marco Bosch

Wahlkampagne 2.0

Marco Bosch

Wahlkampagne 2.0

Politische Kommunikation im Web 2.0 – mehr Demokratie durch mehr Kommunikation?

Tectum Verlag

Marco Bosch

Wahlkampagne 2.0.
Politische Kommunikation im Web 2.0 – mehr Demokratie durch mehr Kommunikation?

ISBN: 978-3-8288-9787-8

Besuchen Sie uns im Internet
www.tectum-verlag.de

Bibliografische Informationen der Deutschen Nationalbibliothek
Die Deutsche Nationalbibliothek verzeichnet diese Publikation in der Deutschen Nationalbibliografie; detaillierte bibliografische Angaben sind im Internet über http://dnb.ddb.de abrufbar.

In Liebe & Erinnerung,

für Papa und Christian.

Inhaltsverzeichnis

„The conscious and intelligent manipulation of the organized habits and opinions of the masses is an important element in democratic society. Those who manipulate this unseen mechanism of society constitute an invisible government which is the true ruling power of our country."[1]

Einleitung

Freie Wahlen sind die Grundpfeiler westlicher Demokratien. Die Wähler legitimieren durch ihre Stimmabgabe die Ausübung von Macht durch die Regierung. Der Diskurs über die politischen Angebote findet in der Öffentlichkeit statt. Diese ist durch Kommunikationstechnologien stark mediatisiert. Neben Fernsehen, Rundfunk und Presse hat sich auch das Internet als Medium der politischen Öffentlichkeit etabliert. Aktuell erfährt dieses soziotechnische Konstrukt starke Veränderungen: Betitelt als „Web 2.0" rücken die Architektur als Netzwerk und das Ausschöpfen der interaktiven Potenziale des Internets in den Mittelpunkt. Es wird die Chance gesehen, durch eine höhere Partizipation der Bürger an politischen Diskussionen ein „Mehr" an Demokratie zu ermöglichen.

Mit Blick auf den zurückliegenden Präsidentschaftswahlkampf in Frankreich 2007 und die aktuellen Vorwahlen zur Präsidentschaftskandidatur in Amerika soll in dieser Arbeit untersucht werden, inwieweit sich die politische Kommunikation im Web 2.0 verändert. Wird sie qualitativ erweitert oder handelt es sich bei den politischen Angeboten im Web 2.0 um „alten Wein in neuen Schläuchen"? Es ist zu erwarten, dass sich die Politik stark der neuen Kommunikationswege bedient. Im Fokus stehen hierbei die direkte Kommunikation mit dem Wähler und die Vernetzung mit den Kandidaten über Social Software. Es stellt sich die Frage, ob die Kampagnen sich dabei an bestehenden Wahlkampfmustern bedienen oder ob sich neue Trends abzeichnen. Eine Revolution der Wahlkämpfe und eine damit einhergehende Demokratisierung durch das Web 2.0 – wie sie von vielen Akteuren gerade aus der Politik postuliert wird – scheint fraglich und soll unter Bezug auf idealistische Entwürfe politischer Öffentlichkeit untersucht werden. Die zweifellos eintretenden Veränderungen der Wahlkämpfe und die Besonderheiten des Web 2.0 werden ebenfalls dargestellt: Forciert das Web 2.0 die Trends der Personalisierung und Beschleunigung der Wahlkämpfe? Wie wirkt sich das „Mitmach-Internet" auf die Partizipation der Wähler aus?

Im ersten Kapitel stehen die Grundlagen von politischer Kommunikation und deren Wandel im Mittelpunkt. Dabei soll zentral auf die Kommunikation zwischen Bevölkerung und politischem System eingegangen werden und auf den für Kommunikation zentralen Begriff der Öffentlichkeit. Das zweite Kapitel fokussiert diese Punkte unter dem Einfluss des Internets in den

---

1 Bernays 1928: 9.

zurückliegenden Jahren. Hierbei sind neben den Chancen auch die Grenzen und Hindernisse von Online-Kommunikation entscheidend.

Das dritte Kapitel widmet sich der Diskussion der unscharfen Begriffe Web 2.0 und Social Software sowie der Vorstellung einiger zentraler Charakteristika der neuen Angebote im Internet. Wo genau liegt das „demokratische Potenzial" der Anwendungen, auf das sich die Internetgemeinde gerne beruft? Ob und wie dieses Potenzial im Wahlkampf Geltung erlangen kann, hängt stark von den politischen Gegebenheiten der untersuchten Länder ab. Um den Einsatz der Techniken im Wahlkampf beurteilen zu können, sollen im vierten Kapitel die politischen Systeme und vor allem die bestehenden Wahlkampfmuster in Frankreich und den USA herausgearbeitet werden.

Abschließend werden die Kampagnen von Barack Obama und Hillary Clinton (USA) sowie von Ségolène Royal und Nicolas Sarkozy (Frankreich) mit Blick auf den Einsatz und die Adaption von Web-2.0-Techniken in ihre Wahlkampfstrategien untersucht. Neben der Klärung der Frage, inwieweit die Internetseiten für sich bereits Web-2.0-Features benutzen, ist es entscheidend, anhand ausgewählter Beispiele aufzuzeigen, auf welche Art und Weise die Inhalte der Kampagnen in die Internetöffentlichkeit diffundiert sind. Zeigen die Angebote der Politiker, dass auch hier ein Wunsch nach mehr Beteiligung der Wähler an demokratischen Prozessen beschritten wird oder bleiben die Kampagnen auf den eingetretenen Pfaden der bestehenden Wahlkampfmuster?

Diese Punkte werden abschließend mit Blick auf die Konsequenzen für den gesellschaftlich und politisch enorm wichtigen Prozess der Kommunikation zu Wahlkampfzeiten beleuchtet. Damit soll die Frage geklärt werden, ob das Web 2.0 eine Demokratisierung der Wahlkämpfe ermöglicht oder lediglich ein weiteres Mittel zum Stimmenfang im Werkzeugkasten der politischen Berater und Kampagnenplaner darstellt.

1 Politische Kommunikation

Den Rahmen für diese Arbeit bildet politische Kommunikation. Um die Konsequenzen neuer Kommunikationstechnologien für diese abschätzen zu können, muss zuerst ein Verständnis von politischer Kommunikation hergestellt werden. Zwangsläufig wird hierbei auf den Begriff Öffentlichkeit eingegangen. Veränderungen in dieser Sphäre, in der politische Kommunikation stattfindet, zeigen sich ebenso in der spezialisierten politischen Kommunikation zu Wahlkampfzeiten. Da Kampagnenkommunikation im Zentrum der Arbeit steht, wird dieser Sonderfall der politischen Kommunikation erläutert.

1.1 Grundlagen

Die Grundlagen zum Verständnis von politischer Kommunikation sind unter anderem in der politischen Ideengeschichte und der politischen Philosophie zu finden. Llanque und Münkler betonen, dass es sich hierbei immer um „politisches Denken, politische Normen und normativ orientiertes Verhalten von Menschen“[2] handelt. Das Thema wird in beiden Disziplinen immer im Rückgriff auf und im Wechselverhältnis zu politischer Ordnung betrachtet. Ideengeschichte und Philosophie befassen sich mit den Institutionalisierungen und Reglementierungen, denen politische Kommunikation unterliegt. Die Autoren beschreiben, dass jedes politische Gemeinwesen „Institutionen politischer Kommunikation“[3] eingerichtet habe. Dies gelte für die altathenische „ecclesia“[4] über das römische „forum“[5] bis zum modernen Parlament.

Während in den Anfängen der Demokratie, in der griechischen Poleis, der Bürger direkt am politischen Geschehen beteiligt war, ist dies heute nicht mehr der Fall. Spätestens mit dem Entstehen der großen Feudalstaaten am Ende des 18. Jahrhunderts wurden die politischen Entscheidungen in die Hand weniger Repräsentanten gelegt. Römmele zieht daraus auch die Konsequenz der Verschiebung von Kommunikation unter Bürgern hin zu Kommunikation zwischen Bürgern und Repräsentanten:

> „Da hier die unmittelbare Entscheidungsfindung delegiert wird, ist die Kommunikation zwischen Regierenden und Regierten eine zentrale Voraussetzung für die Einbeziehung der Bürger in den politischen Prozess.“[6]

---

2 Llanque/Münkler 1998: 65.

3 ebd.: 66.

4 altgriechisch: *die Herausgerufene*. Volksversammlung zur Zeit der attischen Demokratie als oberster Souverän.

5 In der römischen Antike war dies der Marktplatz, das Zentrum für alle städtischen Organe. Er diente auch als Gerichtsstätte und Platz für Volksversammlungen.

6 Römmele 2002: 15.

Für die Autorin ist die Kommunikation zwischen Bürgern und dem politischen Angebot eine notwendige Bedingung politischer Repräsentation:

> „Ohne Information über das politische Angebot der zur Wahl stehenden Kandidaten und Parteien und ohne Kenntnisnahme der Wünsche und Interessen der Bürger, d. h. also ohne Kommunikation, ist effektive Repräsentation nicht vorstellbar."[7]

Funktionierende demokratische Politik ist demnach auf Kommunikation angewiesen. Kommunikation umschreibt allgemein die Beziehung oder Verbindung zwischen Menschen, bei der Informationen übermittelt werden. Dies kann sowohl über unmittelbare Interaktion (interpersonal) geschehen, oder aber über andere, zwischengeschaltete Träger dieser Information: Massenmedien wie z. B. Zeitungen, Hörfunk, Fernsehen, Bücher und neue elektronische Medien wie etwa das Internet.[8]

1.1.1 Aufgaben, Ziele und Funktionen politischer Kommunikation

Politische Kommunikation spielt sich – wie es die Begriffe Politik und Kommunikation bereits beschreiben – im Spannungsfeld von Politik, Bürgern und Medien ab. In demokratischen Gesellschaften unterliegen sowohl die Rolle der Politik wie auch die Rolle der Medien in der Gesellschaft einer genauen Betrachtung, sie sind besonderer Gegenstand des „kritischen Raisonnements [*sic!*]"[9]. Jarren und Sarcinelli problematisieren:

> „Allein die Verständigung darüber, was unter ‚Politischer Kommunikation' [...] zu verstehen sei, bereitet den beteiligten Wissenschaften Probleme."[10]

Genauer betrachtet muss das Feld der politischen Kommunikation von mindestens zwei Seiten betrachtet werden: Zum einen ist die strukturelle Dimension entscheidend, bei der die an ihr beteiligten Akteure, Institutionen und Individuen betrachtet werden, zum anderen die demokratietheoretischen Anforderungen und Erwartungen an die Etablierung einer funktionierenden politischen Kommunikation. Auf der einen Seite geht es um die Frage, wie politische Kommunikation so organisiert werden kann, dass demokratietheoretische Ideale durch sie realisiert werden können. Andererseits ist es von entscheidender Bedeutung, dass sie so strukturiert und organisiert ist, dass sie in den gesellschaftlichen Lebenswelten von Bürger und Staat Wirkung erlangen kann. Ronneberger schreibt, dass Politik ihre Legitimation erst durch Information bekommen könne.[11]

---

7 Römmele 2002: 15.
8 vgl. Kleinsteuber 1992: 352ff.
9 Jarren/Sarinelli 1998: 13.
10 ebd., a.a.O.
11 vgl. Ronneberger 1977.

Systemtheoretisch betrachtet handelt es sich bei Politik und Kommunikation um „gesellschaftliche Totalphänomene“[12]. Diese lassen sich daher nicht einfach abgrenzen oder reduzieren. Zwei Verständnisse zur Definition von politischer Kommunikation sollen hier unterschieden werden. Perloff schreibt politischer Kommunikation einen Prozesscharakter zu und definiert sie als

> „[...] process by which a nation's leadership, media and citizenry exchange and confer meaning upon messages that relate to the conduct of public policy“[13].

Staat, Medien und Bevölkerung interagieren. Sie tauschen Mitteilungen, die sich auf den politischen Prozess und die Regierungsgewalt beziehen. Das Model von Wolton hingegen betont den räumlichen Charakter politischer Kommunikation. Sie ist:

> „the space, in which contradictory discourse is exchanged between three actors with the legitimate right to express themselves in public on politics, namely politicians, journalists and public opinion by means of opinion polls“[14].

Wolton unterscheidet weiter zwischen der „öffentlichen Arena“, welche alle öffentlichen Meinungsäußerungen umfasst, und der „politischen Debatte“, in der sich nur die politischen Akteure austauschen. Die Funktion von politischer Kommunikation als Raum dient nach Wolton dazu, die politischen Akteure vor Verkrustungen zu bewahren.[15] Dongens und Jarren beschreiben politische Kommunikation in Anlehnung an das Modell Woltons als „Scharnier“[16] zwischen zwei Kommunikationsräumen: dem der politischen Akteure untereinander und dem breiten Raum einer allgemeinen Öffentlichkeit. Zusammenfassend kommen Donges und Jarren zu dem Schluss:

> „Politische Kommunikation ist der zentrale Mechanismus bei der Formulierung, Aggregation, Herstellung und Durchsetzung kollektiv bindender Entscheidungen. Insofern ist politische Kommunikation nicht nur Mittel der Politik. Sie selbst ist auch Politik.“[17]

1.1.2 Mögliche Dysfunktionen

Aufgrund der in Punkt 1.1.1 genannten Definitionen wird die Eigenschaft politischer Kommunikation sowohl als Problem lösender als auch zugleich Problem schaffender Mechanismus begriffen. Sie ist ein entscheidender Mechanismus von Politik, aber zugleich Objekt von Regulierungsstrukturen

---

12 Donges/Jarren 2002: 20.
13 Perloff 1998: 8.
14 Wolton 1990: 12.
15 vgl. ebd.: 21.
16 Donges/Jarren 2002: 21.
17 ebd.: 22.

im Verhältnis zur Politik und Instrument. Vowe spricht im Sinne „neuerer kommunikations- und politikwissenschaftlicher Ansätze“[18] von politischer Kommunikation als

> „symbolische Interaktion im Zusammenhang bindender Entscheidungen und in Form unterschiedlicher Grade von Öffentlichkeit mit ihren jeweiligen Medien“[19].

Kommunikation vermittelt Bedeutungen, Politik als eigenständiges gesellschaftliches System produziert Entscheidungen – Entscheidungen, die allgemein verbindlich sind. Aufgrund des komplexen Charakters von Kommunikation als „modus operandi des sozialen Seins“[20] und damit ihrer schlechthin gesellschaftskonstitutiven[21] Bedeutung ist jede Form der Lenkung von Kommunikation mit großen Problemen in der Zielrealisation verbunden.

In der zentralen Bedeutung der Kommunikation für die Politik sieht Saxer mögliche Dysfunktionen der politischen Kommunikation.[22] Dabei orientiert sich Saxer an der von Parsons entwickelten „Typologie der vier Grundprobleme,“[23] die ein System permanent lösen muss, um auf Dauer funktionieren und bestehen zu können: Anpassung (adaption), Zielverwirklichung (goal attainment), Integration (integration) und Strukturerhaltung (latent pattern maintenance). Es muss eine permanente Anpassungsfähigkeit des politischen Systems an seine Umwelt sichergestellt werden. Die schichtspezifische Nutzung der Medien jedoch kann dazu führen, dass kein allgemeiner Grad an politischer Informiertheit hergestellt werden kann. Weiterhin kann eine zu starke Anpassung der Politik an die Medien zur „Preisgabe essenzieller demokratischer Prinzipien und damit zum Verlust der strukturellen Identität der politischen Kultur“[24] führen. Drittens ist die Glaubwürdigkeit der Medien auch bei der Zielverwirklichung politischer Kommunikation von Bedeutung. Das Mediensystem muss Glaubwürdigkeit besitzen, pluralistisch organisiert und ausreichend differenziert sein. Ist dies nicht der Fall, besteht die Möglichkeit öffentlichen Misstrauens, welches sich dann auch auf die Politik überträgt. Für Saxer haben die Glaubwürdigkeitseinbußen von Mediensystemen auch zweifellos diejenigen der politischen Parteien mitverursacht.[25] Da die verschiedenen Differenzierungsprozesse in den modernen Gesellschaften deren Zusammenhalt beeinträchtigen, wird vom Kommunikationssystem erwartet, dass es Integration schafft und somit Zusammenhalt stärkt. Soziale Unter-

---

18 Saxer 2007: 27.
19 Vowe 2003: 527.
20 La Piere, zitiert nach Saxer 1998: 21.
21 vgl. Saxer 2007: 27.
22 vgl. Saxer 1998: 42ff.
23 vgl. Parsons 1966: 5ff.
24 Saxer 1998: 43.
25 vgl. ebd.: 44.

schiede bedingen eine unterschiedliche Mediennutzung, die Medien wiederum segmentieren ebenfalls weiter, dadurch wird das

> „elementarste integrative Vermögen von Medienkommunikation, nämlich als Massenkommunikation praktisch die gesamte Bevölkerung identischen Botschaften auszusetzen, geschmälert, der politische Diskurs in Teilarenen gedrängt“[26].

Für Saxer ist dies ein Grund für die in demokratischen Gesellschaften zu erkennende Entfremdung vom politischen System und die Zunahme privatistischer Einstellungen.

Die Strukturerhaltung, welche sich auf politische Ordnungen, aber auch auf Werte und Normen beziehen kann, wird dadurch gewährleistet, dass sich gewisse Bedeutungsmuster über Politik etablieren und halten. Junge Bürger werden durch Sozialisation in solche Muster eingeführt, die sie dann selbst als demokratische Einstellungen tragen. Dies gelingt der Medienkommunikation natürlich nur in Abhängigkeit zu den Werten, die in Erziehung und Schule vermittelt werden. Während Saxer eine Vermittlung der demokratischen Grundbegriffe für gegeben hält, so merkt er an, dass ein Konsens über die demokratischen Normen und Werte (welche die Grundlage der Begrifflichkeiten bilden) noch nicht vollständig realisiert werden konnte.

1.2 Öffentlichkeit

Ebenso wie alle Systeme der Gesellschaft einer weiteren Ausdifferenzierung unterliegen, unterliegt auch das System der Politik einer laufenden Veränderung und Anpassung der institutionalisierten Strukturen und Prozesse. Die Sphäre, in der sich politische Kommunikation bildet und artikuliert, ist die Öffentlichkeit. Daher ist die Frage nach einem Strukturwandel der Öffentlichkeit an dieser Stelle von großer Bedeutung für den Wandel in der politischen Kommunikation.

1.2.1 Öffentlichkeit – Sphäre der Meinungsbildung

„Öffentlich“ ist etwas dann, wenn es die Allgemeinheit betrifft, die Gesellschaft und die Bürger etwas angeht.[27] Juristen definieren als „öffentlich“ alles, was für jedermann frei zugänglich ist.[28]

Luhmann erklärt Öffentlichkeit im Rahmen der Systemtheorie. Die einzelnen Teilsysteme der Gesellschaft nehmen einander als abgrenzbar zu den anderen Systemen wahr. Diese Systemgrenzen können jedoch nicht über-

---

26 vgl. ebd.: 45.
27 vgl. Online-Lexikon unter www.wissen.de.
28 vgl. Luhmann 1996: 184.

schritten werden. Ebenso registrieren die Teilsysteme, dass sie beobachtbar sind, unabhängig von wem und warum. Selber erschließt sich ihnen jedoch nur die Innenseite der eigenen Systemgrenze. Die Außenseiten der Teilsysteme bilden zusammengenommen das „Medium der Öffentlichkeit"[29].

Für Noelle-Neumann sind die Massenmedien definitionsgemäß Öffentlichkeit.[30] In ihrer Theorie der Schweigespirale setzt sich eine Meinung durch. Andere, weniger gut formulierte oder aber nicht in das gesellschaftliche Gefüge passende Meinungen werden nach und nach von Meinungsführern unterdrückt und somit nicht Bestandteil des öffentlichen Diskurses. Die Öffentlichkeit ist definiert als Sphäre, in der es einerseits Akteure bedarf, die sich mitteilen, und andererseits Publika, die darauf eingehen. Rust ergänzt diesbezüglich:

> „Die Öffentlichkeit eines Ereignisses wird durch die Chance ermöglicht, innerhalb der Kommunikationsprozesse zu einem Objekt der Diskussion erhoben zu werden."[31]

Weiterhin wird für Rust Öffentlichkeit durch die

> „Aktualisierung einer Information, durch die Arbeit der Massenmedien und die Interessen des Publikums bzw. der Repräsentanten spezifischer Interessen in einem strukturierten Kommunikationsfeld [...]"[32]

hergestellt.

1.2.2 Strukturwandel der Öffentlichkeit

Davon ausgehend, dass sich in der Öffentlichkeit die politischen Meinungen aller Beteiligten herausbilden und artikulieren, ist der Wandel der Öffentlichkeit in den vergangenen Jahrhunderten als entscheidend auch für den Wandel der politischen Kommunikation zu betrachten. Das Funktionieren einer Demokratie definiert sich zu weiten Teilen auch aus dem Grad der Teilhabe der darin zusammengefassten Individuen an den demokratischen Prozessen.

Aus der bürgerlichen Öffentlichkeit gehen laut Habermas[33] die Entwicklungen hervor, die unsere heutige Gesellschaft geformt haben. Im 18. Jahrhundert gab es ebenso wie heute nicht *die eine* Öffentlichkeit, sondern mindestens fünf verschiedene Teilöffentlichkeiten[34]: die höfisch-repräsentative Öffentlichkeit der schmalen Schicht des Adels, die Glaubensöffentlichkeit der Konfessionen und der Geistlichkeit, die bürgerliche Öffentlichkeit in den

---

29 Luhmann 1996: 185f.
30 vgl. Noelle-Neumann 2001.
31 Rust 1977: 9.
32 ebd.
33 vgl. Habermas 1971: 25ff.
34 vgl. Faulstich 2002: 11f.

Städten, die standesspezifische Öffentlichkeit der Zünfte und Stände und schließlich die regional und lokal eingeschränkte Öffentlichkeit der Landbevölkerung. Diese jeweiligen Öffentlichkeiten lassen sich weiter ausdifferenzieren. Habermas vertritt die These, dass die bürgerliche Teilöffentlichkeit im 18. Jahrhundert zu der gesamtgesellschaftlich dominanten Öffentlichkeit geworden ist.

Im Fokus dieser Arbeit stehen zwei westliche Demokratien, beide mit ausdifferenzierten Mediensystemen. Zu Beginn des 18. Jahrhunderts war dies noch anders, die Politik des absolutistisch organisierten Staates war Arkanpolitik.[35] Lediglich das, was der Herrscher dem Volk verkündete, war öffentlich, die Entscheidungswege und -prozesse wurden nicht kommuniziert. Die eigentliche Politik blieb also geheim. Dass sich die Ideale der bürgerlichen Gesellschaft gegen die absolutistische Macht durchsetzen konnten, ist unter anderem der besonderen Stellung des Bürgertums zu schulden. Auf der einen Seite hatten sie in der sozialen Stellung Kontakt „nach oben" zu den Standespersonen, auf der anderen Seite reichten sie „nach unten" an die Landleute und Bauern heran. Kaufleute, Verleger und Unternehmer nahmen hierbei eine besondere Rolle ein: Der Staat regulierte, förderte und schützte zu diesen Zeiten den Handel, handelte aber selber nicht. Der „neue Bürger"[36] war aufgrund seiner Eigenschaft als Warenbesitzer dem Herrschaftsprinzip des Staates sogar teilweise entzogen. Zunehmend setzte sich in dieser Schicht die Orientierung am „Wertesystem des aufstrebenden Handelskapitalismus: Nützlichkeit, Vernunftorientiertheit, Arbeitsamkeit"[37] durch. An die Stelle überlieferter Handlungsmuster trat eine Sittenlehre, die Gottesfurcht, Gerechtigkeit und „kluge Lebensführung" miteinander verband. Kluge Lebensführung meint in diesem Zusammenhang den Verzicht auf Verschwendung und Müßiggang sowie eine Besinnung auf Marktgesetze und das nüchterne Fällen von Entscheidungen mit dem Bestreben, durch die eigene Leistung – nicht durch Geburt oder Grundbesitz – soziales Prestige und Selbstwertgefühl zu verbessern. Die bürgerlichen Individualwerte erhielten Allgemeingültigkeit und wurden als Grundlage einer gerechten Gesellschaft angesehen.[38] Mit dem Wandel ging eine Umdeutung des Begriffs „geheim" einher. Anfangs noch durchaus positiv besetzt, ersetzten Bezeichnungen wie Heuchlerei, Geheimniskrämerei und Verheimlichung das Geheime. Privat war fortan das Gegenstück zu öffentlich, der Raum also, der nicht Teil der bürgerlichen Öffentlichkeit sein sollte. Auch das aufstrebende Bürgertum ohne Grund- und Warenbesitz adaptierte teilweise die Werte der Kaufmannschaft. An die Stelle von wirtschaftlichem Streben trat Bildung.[39] Hierbei stand jedoch der Nutzen für alle Menschen als Ziel der Aktivitäten im Mittelpunkt, dies wurde fortan als

---

35 latein „arcanus": *geheim*.

36 Faulstich 2002: 12f.

37 ebd.: 13.

38 vgl. ebd.

39 vgl. Faulstich 2002: 12.

„Gemeinwohl" veredelt.[40] Auch wenn sich die bürgerliche Öffentlichkeit als dominant in den gesellschaftlichen Prozessen erwies, lösten sich die anderen Teilöffentlichkeiten nicht auf, sie wurden vielmehr in die bürgerliche Öffentlichkeit integriert.

Für Habermas entsteht die öffentliche Meinung durch die Diskussion unter Privatleuten aus dem aufstrebenden Bürgertum, durch die Rationalität des Argumentierens allein.[41] In der Idealform basiert die Diskussion auf der Gleichheit der Teilnehmenden, der Gegenstandsoffenheit des Diskursthemas und der Unabgeschlossenheit des Publikums. Böckelmann resümiert, dass dieser auf Vernunft basierenden Vision eines räsonierenden Publikums der Zerfall beschieden zu sein scheint, da „die Öffentlichkeit ihre Kompetenzen verliert, indem sie sich als Massenkommunikation erweitert"[42]. Durch die verstärkte Kommunikation lösen sich bestehende Grenzen zwischen Staat und Gesellschaft auf. Habermas spricht in diesem Zusammenhang von der repolitisierten Sozialsphäre. Der Diskurs unter Gleichen kommt aber dadurch wieder zum Erliegen, dass sich die Individuen Interessengruppen unterordnen und diese für sich sprechen lassen. Habermas kritisiert den hergestellten Zustand als pseudo-öffentlichen und zugleich scheinprivaten Kulturkonsum. Der autonome Unterbau besteht nicht mehr, die Öffentlichkeit ist gespalten in wenige öffentlich räsonierende Spezialisten und eine Vielzahl öffentlich rezipierender Konsumenten. Aber so, wie der öffentliche Bereich an Bedeutung für den einzelnen Bürger verliert, unterliegt auch das Private Veränderungen: Es wird publizistisch ausgehöhlt und mediatisiert. Bei der durch Massenmedien hergestellten Öffentlichkeit handelt es sich um eine industrialisierte Produktionsöffentlichkeit.[43] Die verschiedenen Teilöffentlichkeiten, beispielsweise die Öffentlichkeitsarbeit des Staates, Wahlkampfkommunikation der Parteien und Kandidaten, PR von Unternehmen und Verbänden etc. überlagern sich, sind Ausdruck der Produktionssphäre und entspringen dieser selbst. Erst im Nachhinein wird sich um die Legitimation der nicht-öffentlich ausgehandelten politisch-ökonomischen Ergebnisse bemüht. Vereinfacht könnte gesagt werden, dass die Interessen der Öffentlichkeit nur dann eine Rolle spielen, wenn sie mit den Interessen der Hauptakteure der Gesellschaft in Einklang stehen.

Für die Herausbildung der bürgerlichen Öffentlichkeit betont Faulstich die entscheidende Rolle der Medien bei diesem Prozess. Die Medien bildeten die Grundlage, um alle Teilöffentlichkeiten unter der Idee der Aufklärung zu vereinen und zu mobilisieren:

---

40 vgl. ebd., a.a.O.

41 vgl. Habermas 1971.

42 Böckelmann 1975: 12.

43 vgl. ebd.: 13.

> „Erst der mediale Transfer kapitalistischer und aufklärerischer Ideen bewirkte [...] die Integration zahlreicher Teilöffentlichkeiten zu der [der Autor (MB): ‚der' im Original hervorgehoben] bürgerlichen Gesellschaft."[44]

Auch wenn sich hier bereits die Frage nach den Zugangsbeschränkungen zu den bürgerlichen Medien stellt, so konstatiert Faulstich, dass die bürgerliche Kommunikation als Form der personalen Öffentlichkeit erst durch das Aufkommen der Medien ihre „Sprengkraft"[45] und wirkliche Geltung erlangte.

1.3 Amerikanisierung oder Modernisierung politischer Kommunikation?

Die politische Kommunikationskultur der USA wird in Kapitel 3 dieser Arbeit genauer untersucht. „Amerikanisierung" in diesem Fall beschreibt einen Trend, der im Rahmen des Strukturwandels der Gesellschaften zu beobachten ist, in diesem Sinne also als ein Phänomen, dass nicht nur die politische Kommunikation in westlichen Demokratien in der jüngeren Vergangenheit kennzeichnet, sondern sich auch auf Kultur in einem weiteren Sinne bezieht. An dieser Stelle soll zwischen den Begriffen Amerikanisierung und Modernisierung unterschieden werden.

1.3.1 Amerikanisierung

In den 20er-Jahren schauten europäische Kulturpessimisten bereits mit gemischten Gefühlen über den Atlantik. Nachdem der Begriff Amerikanisierung zuvor seit Mitte des 19. Jahrhunderts ursprünglich eher positiv für die technologischen Innovationen stand, die aus Amerika kamen und in Europa und vor allem in England Einzug hielten, änderte sich diese Konnotation des Begriffs.[46] Die Amerikaner rückten nach dem Ersten Weltkrieg „scharf und herausfordernd in das Bewusstsein der Europäer"[47].

Relativ weit gefasst beschreibt Doering-Manteuffel den Begriff als einen Transfer von Gegenständen, Institutionen, Normen, Werten, Gebräuchen und Verhaltensformen.[48] Amerikas starke, durchaus als „Vorreiterrolle" zu bezeichnende Position bei diesen Wandelprozessen basiert unter anderem auf der Expansionskraft der Wirtschaft. Die amerikanische Wirtschaft diente und dient heute in einigen Bereichen immer noch als Vorbild für andere Volkswirtschaften, da sie ein sehr effizientes ökonomisches Modell verkörpert. Der Einfluss Amerikas findet auch Ausdruck in der Beschreibung des „American

---

44 Faulstich 2002: 254ff.

45 Faulstich 2002: 25.

46 vgl. Doering-Manteuffel 1999: 20.

47 vgl. ebd., a.a.O.

48 vgl. ebd.: 11.

Way of Life", der unter anderem durch die starke Rolle von Coca-Cola, Jeans und Rock 'n' Roll in den westlichen Jugendkulturen dokumentiert wird.[49] Diese kulturellen Importe werden aber zunehmend mit negativen Konnotationen bedacht. So beantwortete Najib Tun Razak, der ehemalige Informations- und Bildungsminister Malaysias, eine Frage nach der Abwehrhaltung seiner Regierung gegen westliche Medienkultur (Satellitenfernsehen ist verboten) mit dem starken Selbstbewusstsein seines Staates und mit dem unbedingten Willen, an der eigenen Identität festzuhalten. Weiter führte er jedoch aus: „We certainly do not want to reach a stage of living in a decadent society, like in the West."[50] Den Einfluss amerikanischer Konsumgüter auf die Globalkultur beschreibt Ritzer als ‚McDonaldisierung' – die Fastfood-Kette stehe für eine weltweite Trivialisierung der Lebenswelten der Menschen und verbreite ein neues Paradigma ökonomischer Effizienz:

> „[...] I [...] see McDonaldization as a centrally important process that persists in growing exponentially and in extending its reach [...] throughout the globe."[51]

Deutlich wird die Position der Vereinigten Staaten beim Entstehen einer Globalkultur auf dem Sektor der organisierten Produktion von kulturellen Exportgütern: Die Film- und Fernsehproduktionen der Studios in Hollywood sind in nahezu allen europäischen Ländern Bestandteil des Kulturprogramms.

> „Wir sind Zeugen der Entstehung einer [...] Globalkultur, die im Wesentlichen amerikanisch inspiriert ist, in der Mehrzahl von amerikanischen Firmen beherrscht wird und für die die amerikanische Populärkultur die maßgeblichen Modelle und Materialien liefert."[52]

Neben der starken Rolle bei der Produktion von Medieninhalten sind die USA auch bei der Produktion und Implementierung neuer medientechnologischer Entwicklungen führend.[53] Aus diesen Gründen ist anzunehmen, dass auch amerikanische Produktionsstandards – und für die medial transportierte politische Kommunikation noch ausschlaggebender: Präsentationsstandards – übernommen werden. Die Politik an sich tritt hinter einer medienfixierten und oberflächlichen „Show-Business-Politik"[54] zurück, es geht weniger um die Inhalte, mehr um die Form.

---

49 vgl. Kamps 2007: 61f.

50 Wise 1995: 34.

51 Ritzer 1998: 1ff.

52 Fluck 1998: 13.

53 vgl. Kamps 2007: 62.

54 ebd.: 63.

1.3.2 Modernisierung

Die Modernisierungsthese nimmt der eher kritischen Beschreibung einer einseitigen Amerikanisierung ein wenig Wind aus den Segeln und führt die Diskussion in ruhigere Gewässer. Sie verneint, dass die gesellschaftlichen Systeme in westlichen Demokratien –und damit auch die agierenden Teilsysteme, die an der politischen Kommunikation beteiligt sind – sich lediglich einseitig einem amerikanischen Vorbild anpassen und dort bestehende Strukturen und Prozesse zu implementieren versuchen:

> „Die Modernisierungsthese geht davon aus, dass die meisten Gesellschaften weltweit einen ähnlichen Prozess des Wandels durchmachen. Infolge dieses Wandels werden neue soziale Praktiken erforderlich, um bestimmte Ziele zu erreichen, so auch neue Wahlkampftechniken."[55]

Amerikanisierung ist Teil eines Modernisierungsprozesses, greift aber auch in Amerika selbst, rückt also von der Definition eines einseitigen Austauschverhältnisses zwischen Amerika und dem Rest der Welt ab. Dieser Wandel ist in Amerika am weitesten fortgeschritten und führt daher zu einer frühen Adaption sozialer Praktiken in den Vereinigten Staaten, die dann im Rest der Welt als amerikanisch wahrgenommen werden. „Man muss [...] nicht gleich alles amerikanisch nennen, was in den USA zuerst zu beobachten ist."[56] Weiter betont Kamps hier, dass die Ähnlichkeit von Wahlkampfstil und Kommunikationspraktiken in den USA und Europa nicht von einer Kausalität zeugen, sondern lediglich von einer „Korrelation spezifischer Anpassungsleistungen an ein übergeordnetes soziales Phänomen"[57]. Zentrales Element dieser Modernisierung ist ein Vorgang ständig zunehmender Komplexität, der in Punkt 1.2 zum Strukturwandel der Öffentlichkeit behandelt wurde. Gerade in Zeiten des Wahlkampfes spielen die durch die Fragmentierung der Gesellschaft entstandenen Mikrostrukturen und deren Verhältnis zueinander eine immer wichtigere Rolle.

1.4 Wahlkampf als Sonderfall politischer Kommunikation

„Wahlkämpfe sind Kommunikationsereignisse, in denen sich die Interaktion zwischen Parteien und Wählern verdichtet."[58] Wenn Wahlen anstehen, müssen die Bürger als potenzielle Wähler von den Zielen der Partei und den jeweiligen Kandidaten überzeugt werden. Also richtet sich die Kommunikati-

[55] Schulz 1997: 194.
[56] Kamps 2007: 66.
[57] ebd., a.a.O.
[58] Klingemann/Voltmer 1998: 396.

on der Parteien noch deutlicher auf ein Ziel gegenüber den Bürgern aus. Da die modernen Wahlkämpfe in den westlichen Informationsgesellschaften zu großen Teilen in den Medien geführt werden, kommt diesen eine besondere Bedeutung zu. Aber auch auf Seiten der Bürger findet eine (zumindest temporäre) Politisierung statt. Die Wähler sind sich bewusst, an der Wahlurne mit ihrer Stimme eine Präferenz gegenüber einem Kandidaten oder einer Partei ausdrücken zu können, es werden „latente politische Einstellungen aktiviert“[59]. Anders als bei der „alltäglichen“ politischen Kommunikation werben die Kandidaten um einen Vertrauensvorschuss des Wählers für eine festgelegte Legislaturperiode. Durch die Berichterstattung in den Medien werden die Politikangebote der konkurrierenden Parteien direkt miteinander konfrontiert, ein Wettbewerbscharakter wird erkennbar. Durch die Massenmedien wird erst gewährleistet, dass Wahlen der Ausdruck eines öffentlichen und kollektiven Meinungsbildungsprozesses sind. Sie sind nicht nur das Ergebnis isolierter Entscheidungen der Bürger.[60] Wahlkampfkommunikation findet also im Handlungsdreieck zwischen Parteien, Medien und Bürgern statt. Der Erfolg der Kommunikationsleistungen der Parteien hängt nicht nur von ihnen ab, sondern unterliegt Beeinflussungs- und Selektionsprozessen auf allen Seiten. Der spezifischen Selektion von Medien und Wählern kommt also eine wichtige Rolle zu. Daher ergibt sich gerade im Feld des mit einem zeitlichen Ziel terminierten Wahlkampfes eine Dynamik, der die Wahlkampfkommunikation in Zeiten des gesellschaftlichen, institutionellen und medialen Wandels unterliegt.

1.4.1 Vermittelte Kommunikation zwischen Parteien und Wählern

Bislang haben die durch die Medien geleisteten Kommunikationsprozesse zwischen Parteien und Wählern die breiteste wissenschaftliche Aufmerksamkeit erfahren. Dies beruht auf der Annahme, dass die Wähler Informationen über die Politik zu großen Teilen aus den Medien beziehen.[61]

1.4.1.1 Parteien und Massenmedien

Die Parteien sind auf die Vermittlungsleistungen der Medien angewiesen, wollen sie ihre Wähler erreichen. Das Problem hierbei ist jedoch, dass die Ziele der Medien nicht mit den Zielen der Parteien deckungsgleich sind. Daraus ergibt sich ein Kontrollverlust über die wirklich vermittelten Inhalte. Die Medien richten ihre Berichterstattung an der Erfüllung oder Nicht-Erfüllung der Nachrichtenwerte einer Information aus.[62] Neben dieser Selek-

---

[59] ebd., a.a.O.
[60] vgl. Klingemann/Voltmer 1998: 396f.
[61] vgl. ebd., a.a.O.
[62] vgl. Staab 1990.

tionslogik ist weiterhin die Anpassung an die Darstellungslogik der Medien von Bedeutung: Der Kandidat, der sich vernünftig in den Medien präsentieren kann, hinterlässt beim Zuschauer einen kompetenteren Eindruck – nicht unbedingt aufgrund der Inhalte, sondern allein deswegen, weil er sich auf dem medialen Terrain am besten zu bewegen vermag. Wenn Darstellungs- und Selektionslogik für alle Medien in einem ähnlichen Rahmen Geltung haben, so unterscheiden sich die einzelnen Medien doch in der „redaktionellen Linie"[63]. Diese prägt das publizistische Profil der einzelnen Medien und schlägt sich vor allem in kommentierenden Medienprodukten nieder. Die redaktionelle Linie verhält sich nicht indifferent zu den einzelnen Prozessen im Wahlkampf, sie ist anschlussfähig. Für manche Parteien bietet sich somit in einzelnen Medien eine bessere Möglichkeit zur Darstellung, in anderen weniger.

Die Parteien haben sich auf die Funktionslogik der Medien eingestellt und versuchen daher, ihre Kommunikationsstrategien an diesen auszurichten. Es wird probiert, die Themen so zu setzen, dass die öffentliche Agenda mit den Themen der Partei besetzt wird. Ebenso wird versucht, Themen zu vermeiden, die auf eine Schwachstelle im jeweiligen Politikangebot verweisen könnten. Es werden Pseudoereignisse geschaffen und es wird kontinuierlich versucht, durch Presseverlautbarungen und -events Einfluss auf die Medienagenda zu nehmen. In diesem Zusammenhang sei aber darauf verwiesen, dass sich die Leistung der Medien hierbei nicht auf die bloße Vermittlung der Inhalte der politischen Kommunikationsakteure erschöpft. Baerns betont die Bedeutung verändernde Informationsbearbeitung der Medien.[64] Die wirkliche „Macht der Medien" wird in diesem Zusammenhang oft diskutiert. Da jedoch auch hier von einem dynamischen Prozess auszugehen ist, werden die einzelnen Einflusschancen immer wieder zwischen Politik und Medien neu ausgehandelt. Inszenierte Ereignisse können von den Medien aufgrund ihrer eigenen Funktionslogik nicht ignoriert werden, aber sie können Gegenstrategien entwickeln, um ihre Glaubwürdigkeit beim Publikum zu bewahren[65] und einer reinen Instrumentalisierung entgegenzuwirken. Diese könnte zum Beispiel so aussehen, dass ein aufwendig inszenierter Pseudo-Event auch als solcher in der Berichterstattung kenntlich gemacht wird.

1.4.1.2 Massenmedien und Wähler

Die Kommunikationsprozesse zwischen Wählern und Medien standen bereits früh im Mittelpunkt wissenschaftlicher Auseinandersetzungen. So haben Lazarsfeld, Berelson und Gaudet bereits 1944 in einer umfangreichen Studie[66] versucht herauszufinden, welchen Einfluss die Medien auf die Wahlentscheidung der Bürger haben könnten. Auch wenn diese Studie in einigen Punkten

---

63 vgl. Schönbach 1977.
64 vgl. Baerns 1987.
65 Klingemann/Voltmer 1998: 399.
66 vgl. Lazarsfeld/Berelson/Gaudet 1944.

mit der Zeit durch andere widerlegt wurde, so kann sie dennoch in einem wesentlichen Punkt weiterhin Gültigkeit beanspruchen. Die Wissenschaftler wiesen nach, dass die Menschen die Botschaften der Medien selektiv nutzen und sich vor allem für solche Angebote interessieren, die bereits bestehende Präferenzen stützen. Die Medien haben also hier einen verstärkenden Einfluss auf die politische Meinungsbildung, weniger einen verändernden Effekt. Ein weiteres wichtiges Ergebnis der Studie war, dass die Wahlentscheidung stark mit der sozialen Verwurzelung der Wähler verbunden ist. Ursprünglich wurde hierbei gar davon ausgegangen, dass die meisten Wähler nicht direkt von den Medien erreicht werden, sondern politische Informationen fast ausschließlich aus persönlichen Gesprächen mit Meinungsführern beziehen. Diese These scheint so heute nicht mehr haltbar. Klingemann und Voltmer schreiben dem sozialen Umfeld eine Art „Medienfilterfunktion" zu:

> „Generell jedoch ist in der Orientierung der Wähler an den in ihrem unmittelbaren sozialen Umfeld vorherrschenden Meinungen ein wichtiger Selektionsmechanismus zu sehen, durch den Medienbotschaften gefiltert werden."[67]

Noelle-Neumann geht von einem Interaktionsprozess zwischen massenmedialer und sozialer Kommunikation aus. Die von ihr entwickelte Theorie der Schweigespirale besagt, dass die Menschen sich sowohl durch massenmedial vermittelte Inhalte, aber auch durch persönliche Gespräche in ihrem sozialen Umfeld ein Bild von der öffentlichen Meinung machen. Die Bedeutung der Medien wird vor allem bei der Themensetzung deutlich. Untersuchungen von McCombs und Shaw zum Agenda-Setting-Effekt der Massenmedien[68] zeigten, dass es vor allem die Auswahl der Themen ist, womit die Medien die Wahrnehmung von Politik strukturieren. Die Medien entscheiden, welcher bestimmte Ausschnitt der politischen Realität gerade in den Fokus der Berichterstattung und damit in den Vordergrund politischer Öffentlichkeit gerät. Die Autoren Iyengar und Kinder gingen noch einen Schritt weiter, indem sie in Studien nachweisen konnten, dass ein enger Zusammenhang zwischen der Wahrnehmung der politischen Agenda und Meinungsbildungsprozessen besteht.[69] Ihnen zufolge generieren die Bürger die Kriterien, an denen sie die Kandidaten messen, aus der Berichterstattung in den Massenmedien. Der sogenannte „priming-Effekt" besagt, dass eine Partei, die ein umfangreiches Klimaschutz-Programm entwickelt hat, eine schlechtere Wahlchance hat, wenn die Medienberichterstattung permanent andere Themen in den Vordergrund stellt.

Neben der hier stark vertretenen Position der Medien als Kommunikationsvermittler greifen die Medien auch durchaus aktiv in die politische Auseinandersetzung ein, indem sie Stellungnahmen zugunsten bestimmter Stand-

67 Klingemann/Voltmer 1998: 400.
68 vgl. McCombs/Shaw 1977.
69 vgl. Iyengar/Kinder 1987.

punkte oder Parteien abgeben. Zeitungskommentare liefern den Wählern Orientierung im individuellen Meinungsbildungsprozess.[70]

1.4.2 Direkte Kommunikation zwischen Parteien und Wählern

Wie unter 1.4.1.1 erwähnt, verändert die Bearbeitung der Themen aus der Politik durch die in den Massenmedien tätigen Journalisten durchaus die Bedeutung der Inhalte. Dies ist ein entscheidender Ausgangspunkt bei der Annahme, dass die Parteien mehr und mehr versuchen, in eine direkte Kommunikation mit den Wählern zu treten. Hier können sie außerdem am besten herausfinden, was den Wähler bewegt, seine Stimme abzugeben, was genau das Thema ist, das ihn anspricht und am ehesten zur Stimmabgabe mobilisiert.

Große Wahlveranstaltungen gelten als direkte Kommunikationsform zwischen Partei und Wähler, jedoch wird bezweifelt, ob es sich dabei heutzutage nicht lediglich um Events handelt, die darauf ausgelegt sind, eine möglichst breite Resonanz in den Medien zu erlangen und damit die teilnehmenden Wähler zu Statisten degradieren.[71] Kleinere Wahlkampfveranstaltungen oder beispielsweise die Präsenz auf Straßenfesten bieten eine bessere Möglichkeit für die interpersonale Kommunikation, sind jedoch mit einem großen Zeitaufwand verbunden, vor allem wenn der Kandidat direkt vor Ort sein soll.

Zunehmend werden Medien der Individualkommunikation im Wahlkampf eingesetzt: Briefpost und Telefon. Damit eine Kampagnengestaltung gelingt, die den Vorstellungen der Wähler entspricht, ist es notwendig, auch den Informationsfluss von Seiten der Wähler zu den Parteien zu verbessern und andere Feedback-Kanäle zu schaffen bzw. zu nutzen. Neben dem gezielten Einsatz von Befragungen unter sogenannten Fokus-Gruppen, kann hier das Internet als eine Alternative zum verbesserten Meinungs- und Ideenaustausch zwischen Partei, Kandidat und Wähler eintreten. Römmele sieht die Bedeutung neuer Entwicklungen im technischen und technologischen Bereich für die Wahlkampfkommunikation wie folgt:

> „Die neuen Kommunikationsmittel ermöglichen es den Parteien, durch eine zielgruppenspezifischere Form der Politikvermittlung auf die fortschreitende Individualisierung der Lebensstile und weitere gesellschaftliche Ausdifferenzierung zu reagieren."[72]

Diese Anpassungsleistung beinhaltet unter anderem die Implementierung von Direct Mailing, Telemarketing und Internet in den Wahlkampf. Direct Mailing bezeichnet ein „quasi-personalisiertes" Serienbriefverfahren, das zielgruppenspezifisch eingesetzt und auf dem Postwege zugestellt wird. Ein Brief besteht

[70] vgl. Klingemann/Voltmer 1998: 402.
[71] vgl. ebd., a.a.O.
[72] Römmele 2002: 38.

aus mindestens drei Elementen: einem Anschreiben, einem Feedback-Bogen und einem Rückumschlag. Die Anschreiben werden maschinell erstellt, sind jedoch automatisch personalisiert, der Leser wird also persönlich angesprochen. Bei großen Entsendungen werden Maschinen benutzt, die in der Lage sind, das Anschreiben mit einer täuschend echten Unterschrift zu versehen.[73] Der Feedback-Bogen bietet die Möglichkeit, gezielt die Meinung zu bestimmten Politikinhalten abzufragen. Neben den Feedback-Bögen können auch Spendenformulare in die Aussendung integriert werden.

Telemarketing beschreibt den über das Teefon hergestellten Kontakt mit einem Wähler. Wie in einem Servie-Callcenter eines Unternehmens erfolgen die Anrufe über eine zentrale Anlage. Nun ist es nicht neu, den direkten Kontakt zum Wähler herstellen zu wollen, aber es wird doch deutlich, dass technische Neuerungen eine professionalisierte Individualansprache ermöglichen. Es ist einfacher, eine große Menge an Menschen anzusprechen.

Die Nutzung des Internets stellt bei den direkten Kommunikationsformen mit dem Wähler immer noch die neueste aller Wähleransprachen dar. Auch hier herrscht der Grundsatz des möglichst starken persönlichen Kontaktes mit den Wählern vor. Ein großer Unterschied besteht aber darin, dass bei Direct-Mailing und Telemarketing der Kommunikationsimpuls eindeutig auf den Seiten der Parteien liegt. Sie ergreifen die Initiative und können das inhaltliche Angebot genau auf den Adressaten zuschneiden. Beim Internet wird ebenso zielgruppenspezifischer Inhalt bereitgestellt, aber die Homepage der Partei muss vom Wähler selbst aufgesucht werden, sei es über Links oder per Direkteingabe der URL. Die Initiative zur Selektion der abgerufenen Inhalte auf der Homepage liegt ebenfalls in den Händen des Internetnutzers.[74]

Der Vorteil der Politikvermittlung über diese direkten Kommunikationswege gegenüber der Kommunikation über die Massenmedien besteht darin, dass die Parteien nicht mehr den „Umweg“ über die Massenmedien nehmen müssen. Hier unterliegt die Vermittlung nicht mehr der Handlungs- und Selektionslogik der Massenmedien. Außerdem ist damit eine Feedback-Möglichkeit gegeben, die in den Massenmedien nicht in der Form besteht. Auch nicht-etablierte Parteien, denen der Nachrichtenwert-Logik zufolge ein Einstieg auf die mediale Bühne schwerer als den großen, etablierten Parteien fällt, haben hier die Möglichkeit, ihre Zielgruppen zu erreichen. Ein Problem des Telemarketings und des Direct-Mailings sind jedoch die relativ hohen Kosten, die mit einer Einrichtung und Unterhaltung von Callcentern und dem Versand von Infopost verbunden sind. Hier stellt das Internet eine günstige Alternative dar.

---

73 vgl. ebd.: 40.

74 vgl. ebd.: 41.

1.5 Wandel der Wahlkampfkommunikation

Als Kern des Wandels politischer Kommunikation bezeichnet Kamps die Organisation des Wahlkampfes außerhalb der Parteistrukturen.[75] An ihre Stelle tritt die strukturelle Professionalisierung und inhaltliche Entideologisierung der Wahlkämpfe.

1.5.1 Professionalisierung und Entideologisierung

Schulz definiert an dieser Stelle genauer:

> „Zur Professionalisierung des Wahlkampfes gehört, dass die Aufgaben engagierter Parteisoldaten von Experten für die Diagnose und die Steuerung der öffentlichen Meinung wie Meinungsforscher, Medienberater, Werbe- und Public-Relations-Agenturen übernommen werden. [...] Zur Entideologisierung gehört, dass die Parteien statt eines scharfen weltanschaulichen und programmatischen Profils positive ‚Produkteigenschaften' und universelle Kompetenz herausstellen."[76]

Auf den Übersichten[77] von Kamps, Radunski und Müller basierend, können folgende Aussagen über die politische Kommunikation in modernen Wahlkämpfen zusammengefasst werden:

a) Der Wahlkampf ist zentriert auf den Kandidaten, Inhalte werden personalisiert, der Kandidat ist wichtiger als die Partei.
b) Spezialisten zeichnen für die Gestaltung des Wahlkampfes verantwortlich. Die Kampagne basiert auf umfangreichen Studien, Umfragen und anderen Formen der Datenerhebung.
c) Die Programme rücken im Verhältnis zu den theatralen Auftritten der Politiker und der Form der Darstellung dahinter zurück.
d) Ereignismanagement, Themen- und Botschaftsmanagement, „Negative Campaigning" und Konfliktmanagement gewinnen an Bedeutung.
e) Die politische Auseinandersetzung wird zunehmend emotionalisiert.
f) Die Kampagne findet vermehrt in den elektronischen Medien statt. Hierbei spielt Visualisierung eine große Rolle, da sie einer verstärkten Emotionalisierung Vorschub gewährt. Dem Fernsehen kommt dabei in den meisten Ländern eine besondere Stellung zu.
g) Die Organisation der Kampagne zielt auf die möglichst direkte Ansprache der Wählerschaft mittels Briefen, Telefonaten, E-Mails und durch die Mithilfe von ehrenamtlichen Helfern.
h) Der Wahlkampfstil selbst wird Gegenstand der Kommunikation.

---

75 vgl. Schulz 1998: 66f.
76 ebd.: 378.
77 vgl. Kamps 2007: 64, Radunski 1996: 34ff. sowie Müller 1999: 40.

Müller behauptet, der Wahlkampf folge somit systemfremden Strategien aus der Wirtschaftswerbung und dem Marketing. Diese Ansicht muss jedoch meiner Meinung nach etwas relativiert werden, da bereits frühe Wahlkämpfe Grundzüge eines später als Marketing bezeichneten Markenaufbaus enthielten.[78] Ursprünge des allgemeinen Marketings und der Werbung sind gerade in den Vereinigten Staaten eng mit denen der politischen Wahlwerbung verbunden.

Kritisch ist bei obiger Auflistung anzumerken, dass hierbei viele Ebenen der politischen Kommunikation miteinander vermischt werden. Organisationsebene, Formfragen der Inszenierung, inhaltliche Fragen und die Auswirkungen von Personalisierung etc. Dennoch können diese Trends als Kennzeichen des Wandels der politischen Kommunikation gelten, da es sich bei politischer Kommunikation (wie in Punkt 1.1.1 beschrieben) um ein gesellschaftliches Totalphänomen handelt, welches auch nur schwer auf eine Ebene einzugrenzen ist, will man nicht die gesamtgesellschaftlichen Auswirkungen eines Wandels in der politischen Kommunikation aus den Augen verlieren.

1.5.2 Historischer Wandel der Wahlkämpfe

Historisch kann der Wandel der Wahlkampfkommunikation in drei Phasen eingeteilt werden: vormodern, modern und postmodern.[79] Vormoderne Wahlkämpfe zeichnen sich durch eine kurzfristige Wahlkampfvorbereitung in der Hand lokaler und dezentraler Organisationszentralen aus. Die Oberhand über die Koordination liegt bei der Partei. Die Vorstellungen der Bürger werden teilweise durch persönlichen Kontakt und Besuche erfragt. Handzettel, Poster, Wahlkampfschriften und regionale sowie überregionale Presseorgane bewerben, ergänzt durch Radioansprachen, die zur Wahl stehenden Kandidaten. Erste Wahlkampfreisen werden durchgeführt, örtliche Versammlungen abgehalten. Die Kosten sind, verglichen mit allen anderen historischen Wahlkampfführungen, eher gering.

Moderne Kampagnen werden national organisiert und erstrecken sich bereits über einen längeren Zeitraum. Es werden Wahlkampfzentralen eingerichtet, der Einfluss von speziellen Beratern und Parteifunktionären nimmt zu. Die Stimmung im Volk wird in größerem Rahmen durch organisierte Befragungen eingefangen. In den Medien wird mehr auf eine durchgängige Präsenz mit großer Reichweite gesetzt, namentlich aufs Fernsehen. Es werden vermehrt Events mit Wiedererkennungswert eingerichtet: tägliche Pressekonferenzen, TV-Werbung und aufwendige Fototermine. Durch den steigenden organisatorischen Aufwand und den verstärkten Einsatz der Präsenz in bezahlten Medien (TV-Spots, Werbebeilagen in Printmedien etc.) steigen die Kosten deutlich.

---

78 vgl. Engel 2006.

79 vgl. Kamps 2007: 236.

Postmoderne Wahlkämpfe unterliegen organisatorisch meist einer nationalen Koordination, durch eine starke Kommunikation mit dezentralen Einheiten wird der Wahlkampf aber flächendeckend gelenkt. Es wird davon ausgegangen, dass es sich dabei um einen permanenten Wahlkampf handelt, der unter anderem durch die Auslagerung von Umfrageforschung und die Hinzunahme von spezialisierten Beratern und Wahlkampfabteilungen professionalisiert wird. Das Internet spielt eine starke Rolle im benutzten Medienkanon, auch als Instrument zur Beobachtung und Befragung der sogenannten Fokusgruppen und zur innerparteilichen Organisation. Weiterhin kommt dem Internet eine große Bedeutung bei der gezielten, direkten Ansprache der Wähler zu. Die anderen Medien werden ebenfalls zielgerichteter genutzt, um eine größtmögliche Akzeptanz bei den jeweiligen Mediennutzern zu erreichen. Das Medienmanagement breitet sich zunehmend aus. Die Gestaltung von Events, die der Selektions- und Darstellungslogik der Medien entsprechen, wird auch auf die Zeit vor und nach den Wahlkämpfen ausgeweitet. In diesem Zusammenhang wird auch vom permanenten Wahlkampf in der „Routine-Politik" gesprochen. Die notwendigen finanziellen Aufwendungen steigen durch die hohe Beteiligung von externen Experten, Politikberatern, Werbe- und Kommunikationsagenturen etc. enorm an.

Römmele hat die drei Phasen in der Entwicklung der Wahlkampfkommunikation zeitlich eingegrenzt.[80] Vormoderne Wahlkämpfe datiert die Autorin auf den Zeitraum von 1920 bis 1945 und beschreibt sie als Wahlkämpfe der Massenparteien, bei denen den Medien eine dienende Rolle bei der Mobilisierung der Massen zukam. Im Zeitraum von 1945 bis 1990 sind moderne Wahlkämpfe anzusiedeln. Die Volksparteien versuchten, unter der beeinflussenden Rolle der Medien die gesamte Bevölkerung anzusprechen und diese (im Wahlverhalten) umzustimmen und zu mobilisieren. Seit 1990 zeichnen sich die professionalisierten Wahlkämpfe dadurch aus, dass Medien- oder Kartellparteien versuchen, gezielt einzelne Wählersegmente anzusprechen. Dies geschieht im Umfeld der Konkurrenz zu den Massenmedien und führt zu einer verstärkten Fokussierung auf möglichst viele kleine Zielgruppen.

Die durch den Strukturwandel und die Modernisierungsprozesse ausgelösten Veränderungen treten in folgenden Punkten als mögliche Probleme für die politische Kommunikation in den Mittelpunkt der Wahlkampfführung:[81]

a) Die traditionellen Bindungen an soziale Milieus und Organisationen lösen sich auf. Herkömmliche Merkmale wie Kirchen- oder Gewerkschaftszugehörigkeit büßen Bedeutung ein, ebenso verlieren Parteibindungen und ideologische Präferenzen an Erklärungskraft für Wahlentscheide.

80 vgl. Römmele 2002: 51ff.

81 vgl. Kamps 2007: 67.

b) Eine Beschleunigung des Wahlkampfes tritt ein. Situative Faktoren wie sich kurzfristig ergebende Wahlkampfthemen und Veränderungen der Wirtschaftslage oder der weltpolitischen Situation gewinnen an Bedeutung.
c) Es ist eine sinkende Wahlbeteiligung und eine Flüchtigkeit der Wähler zu beobachten. Mehr und mehr Wähler wechseln ihre Wahlabsicht von Wahl zu Wahl oder während des Wahlkampfs.

Es lässt sich feststellen, dass die gesamten beschriebenen prozessualen Zusammenhänge in der Literatur tendenziell als eher negativ betrachtet und mit Vorwürfen an die drei Hauptbeteiligten verbunden werden. Weischenberg bringt dies in einem Aufsatz auf den Punkt:

> „Der Politik wird [...] eine schleichende Entpolitisierung, die zunehmende Zerstörung eines diskursiven Raumes und die radikale Reduzierung von Programmen auf Personen vorgeworfen. Die Medien wiederum geraten in die Rolle von Zirkusdirektoren, die nur noch breit sind, publikumsattraktive Akrobaten zu verpflichten und sich daran weiden, wenn diese vom Seil fallen. [...] Dem Publikum wird unterstellt, dass es sich überhaupt nicht mehr ernsthaft für Politik interessiert, sondern nur noch für Aufgeregtheiten [...] im Bereich der Politik.“[82]

Für eine Betrachtung des Wandels politischer Kommunikation als Ausdruck eines Modernisierungsprozesses und weniger als Ausdruck einseitiger Amerikanisierung spricht, dass nicht alle Elemente des amerikanischen Wahlkampfes eins zu eins in anderen Ländern übernommen werden. Bereits bestehende Wahrnehmungsmuster, Traditionen und kulturelle Werte kollidieren mit der amerikanischen Vorstellung eines optimalen Wahlkampfes.[83] In diesem Zusammenhang erwähnt Kamps das „Shopping Model“, wonach Kampagnenplaner zwar einzelne Komponenten aus den USA übernehmen, aber diese internalisiert haben und unter Berücksichtigung eigener nationaler Gegebenheiten in die europäischen Wahlkämpfe implementieren.[84]

---

82 Weischenberg 1998: 14.

83 vgl. Fluck 1999: 55.

84 vgl. Kamps 2007: 69.

2 Politische Kommunikation im Internet

Kommunikationsleistung auch über das Internet kann niemals direkte Kommunikation im umfassenden Sinn sein. Sie ist immer auf das Medium Internet angewiesen. Selbst in Echtzeit erlebte Debatten in Internetforen und Videochats sind mediatisierte Kommunikation. Die Art, wie die Menschen online miteinander kommunizieren, unterscheidet sich daher auch in vielen Punkten von der direkten Kommunikation unter Menschen, die auf der zusammengefassten Benutzung von Stimme, Mimik, Gestik etc. basiert.[85] Das politisch Interessante an der computervermittelten Kommunikation besteht in ihrem Potenzial, die Eigenschaften anderer elektronischer Medien zu vereinen und sie dabei um den Faktor Interaktivität zu erweitern.

> „Jede Medienevolution hat eine beachtliche Veränderung der politischen Kommunikation [...] gebracht, [...] wie man am Übergang von Zeitungen zu Hörfunk und Fernsehen belegen kann, und im Fall des Internets handelt es sich nunmehr um eine kumulative, multimediale Evolution, die vor allem einen technisch-sozialen Aspekt ins Zentrum rückt: die interaktiven Potenziale der neuen Medien."[86]

Daher ist es auch nur bedingt richtig, im Zusammenhang von Internet und Politik von elektronischer Demokratie zu sprechen. Denn bereits Medien wie TV, Radio oder auch das Telefon basieren auf elektronischen Technologien. Bieber und Leggewie erweitern daher das Konzept der elektronischen Demokratie und verdeutlichen ihr Potenzial, indem sie diese als *interaktive Demokratie* bezeichnen.[87] Das besondere am Internet ist seine Rückkanalfähigkeit, die mit den Traditionen der bestehenden Massenmedien bricht und so auch den damit gekoppelten politischen Kommunikationsstil infrage stellt.

2.1 Das Internet

Mit der Entwicklung des ersten Röhrenrechners der Welt wird das „Computerzeitalter'" von einem deutschen Ingenieur eingeläutet: Konrad Zuse (1911-1995) stellt ENIAC 1945 fertig. Durch das Einführen der Halbleitertechnik und des Mikroprozessors entstehen erste integrierte Schaltkreise. Ab den 70er-Jahren treiben Microsoft und Apple die Entwicklung des Personal Computers voran. Nachfolgend steht mit ISDN[88] das erste Leitungsnetz zur Verfügung, stationäre Speicher wie Festplatten und Disketten werden abgelöst.

---

85 vgl. Wood/Smith 2005: 6.

86 Bieber/Leggewie 2003: 125.

87 vgl. ebd., a.a.O.

88 Integrated Services Digital Network.

Die technische Entwicklung des Internets wird vom Militär induziert. Der Wettkampf der beiden Supermächte (UDSSR und USA) macht in Zeiten des Kalten Krieges weltumspannende Informations- und Kommandonetze erforderlich. 1969 schließt in den USA die staatliche DAPRA[89] die Entwicklung des APRANET ab. Im Anschluss werden verschiedene Protokolle entwickelt, welche die dezentrale Verbindung aller Rechner ermöglichen und das Netzwerk damit vor zentralen Atomschlägen schützen. Die eintretende politische Entspannung zwischen den Großmächten verringert das Interesse der staatlichen Institutionen und ermöglicht eine private Nutzung. 1971 nutzen bereits mehr als 30 US-Universitäten das APRANET für ihre Kommunikationszwecke. Der Durchbruch ist geschafft, als ebenfalls Anfang der 70er-Jahre elektronische Post (E-Mail) über dieses Netz verschickt werden kann. 1983 gibt das Militär das Netz komplett zur privaten Nutzung frei. Viele lokale Netzwerke werden eingerichtet, dies erfordert eine Standardisierung. Diesen Anforderungen Rechnung tragend, entsteht 1992 das *World Wide Web* und der *www-Browser* im Kernforschungszentrum Cern in der Schweiz. Forschungsgruppenleiter Tim Berners-Lee entwickelt das auf einem universellen Code basierende HTTP-Protokoll, die dazugehörige Programmiersprache HTML und die neue Adressierung URL, für die ans Internet angeschlossenen Computer.[90]

Hiermit wird es auch für Laien und Nicht-Techniker durch die Beherrschung eines einfachen Programms möglich, am internationalen, digitalen Datentransfer auf dem „Daten-Highway" per Mausklick teilzunehmen. Das Internet zieht schnell in den Alltag der Gesellschaft ein: Es ist heute aus Beruf und privater Lebenswelt nicht mehr wegzudenken. Im Jahr 2001 sollen 400 Millionen Menschen über einen Internetzugang verfügt haben,[91] 2007 sind es bereits über 1,3 Milliarden Menschen, die das Internet nutzen.[92]

2.2 Politische Öffentlichkeit und Kommunikation im Internet

Die Frage nach den Chancen der internetbasierten Kommunikation für eine Verbesserung der politischen Kommunikation geht einher mit der Frage, wie sich politische Öffentlichkeit im Internet konstituiert. An moderne Öffentlichkeiten können drei grundlegende Strukturmerkmale politischer Öffentlichkeit angelegt werden: Gleichheit, (Gegenstands-) Offenheit und Diskursivität.[93]

---

89 Defence Advanced Research Project Agency.

90 Hyper Text Transfer Protocol (HTTP), Hyper Text Markup Language (HTML), Universal Resource Locator (URL).

91 vgl. Kübler 2003, 99.

92 vgl. Juliussen 2007.

93 vgl. Welz 2002: 3.

Gleichheit

Neben der Möglichkeit, zuzuhören, sollten alle Teilnehmer auch die Möglichkeit haben, sich zu äußern, und dabei auch Gehör finden. Wirklich messbare Gleichheit ist dabei in Form von Redezeit messbar, jedoch nur in relativ kleinen Gruppen wird diese Gleichheit auch erreicht. Das Internet ändert an einer asymmetrischen Verteilung von Sprecher- und Zuhörerrollen nichts. Die Anzahl der aktiven Sprecher könnte zwar theoretisch bis zur vollständigen Gleichheit aller Teilnehmenden ansteigen, jedoch ist dies allein aus zeittechnischen Gründen schon nicht möglich. Damit greift auch hier ein Strukturmerkmal moderner Gesellschaften: „In großen Öffentlichkeiten ist der Anteil aktiver Sprecherrollen zwangsläufig klein – relativ zur Größe des Publikums."[94]

Offenheit

Jeder Teilnehmer hat die Relevanz von Themen und Beiträgen im öffentlichen Diskurs selbst zu prüfen. Damit wird bereits eine hohe Anforderung an die Teilnehmenden gestellt: Die Öffentlichkeit muss hinreichend sensibel sein, um die wichtigsten Probleme identifizieren zu können, und diese dann auch als Thema in den Diskurs einbringen. Da Kompetenz und Aufmerksamkeit knapp sind, werden effektive Einwände erhoben gegen das fiktive demokratische Ideal eines kompetenten Staatsbürgers und gegen eine Öffentlichkeit, die *alle* Probleme unter Beteiligung *aller* Mitglieder des Publikums kompetent verhandelt.[95] Dennoch muss das Prinzip der Offenheit nicht zum Erliegen kommen: Donges und Jarren skizzieren, dass Offenheit mehr als Auswahlprozess zu verstehen ist, wobei verschiedenen politischen Öffentlichkeits-Ebenen eine Durchlässigkeit zugesprochen wird. Jedes Thema wird auf einer Ebene diskutiert und hat je nach Relevanz die Chance, von der spontanen Kommunikationsebene (Encounter-Öffentlichkeit) in die Themenöffentlichkeit zu gelangen und dann eventuell die „höchste" Ebene, die der Medienöffentlichkeit, zu erreichen.[96] Die normative Forderung an politische Internetöffentlichkeit ist hierbei die Forderung nach Durchlässigkeit, die es relevanten Themen mittels Anschlusskommunikation ermöglichen soll, alle drei Ebenen zu durchdringen. Kein Akteur darf in der Lage sein, dies zu verhindern.

Diskursivität

Diskursivität, und damit die verständigungsorientierte, auf Argumentation aufbauende Interaktion, ist daran geknüpft, dass die Teilnehmer ihre Interessen und Werte offenlegen und durch den Austausch von Argumenten eine gemeinsame Lösung herbeiführen wollen. Hierbei soll die eigentliche Diskussion losgelöst von Personen oder Statusmerkmalen und einer eventuellen Gruppenzugehörigkeit der Teilnehmenden geführt werden.

---

94 Welz 2002: 4.

95 vgl. ebd., a.a.O.

96 vgl. Donges/Jarren 1999: 91.

Findet das räsonierende Publikum – von Habermas idealistisch im Strukturwandel der Öffentlichkeit entworfen – im Medium Internet die Möglichkeit, sich zu formieren und heute bekannte Wissensklüfte zu überwinden? Den neuen Medien, dem Internet im Besonderen, wird nachgesagt, sie würden ein großes Potenzial bergen, die Demokratisierung der Gesellschaft – durch eine umfassendere öffentliche Beteiligung durch die Bürger – voranzutreiben. Dass sich die politische Kommunikation unter den Bedingungen eines neuen technischen Mediums verändert, gilt durch das Fernsehen als bewiesen. Die Akteure werden gezwungen, die Politik zu inszenieren, visualisieren und personalisieren.[97]

Es hat den Anschein, als könne das Internet ein Schritt in die „Gesellschaft der Aufklärer"[98] sein. Gleichheit, Gegenstandsoffenheit und Unabgeschlossenheit scheinen im Internet zur vollen Entfaltung zu kommen. So will es der Mythos zumindest Glauben machen. Die scheinbare Gleichheit der Nutzer, welche Diskriminierungen auszuschließen vermag, stellt sich jedoch anders dar. Es besteht die Gefahr einer „digitalen Spaltung", die neue Grenzen zwischen Gesellschaften und Teilen der Gesellschaft etablieren könnte, da die Zugangsmöglichkeiten zu diesem Medium nicht gleich verteilt sind. Es variieren außerdem Englischkenntnisse, Ausdrucks- und Schreibfähigkeit der User, Computerkenntnisse und Vorhandensein der technischen Infrastruktur. Weiterhin dominieren bei den Internetnutzern (noch) Männer, Weiße, Akademiker, junge Menschen sowie Bewohner Nordamerikas und Westeuropas.[99]

Die Gegenstandsoffenheit wird zum Problem des Internets: Wenn man die Filterfunktion der herkömmlichen Medien betrachtet, ist das Internet näher am Ideal von Öffentlichkeit als andere Medien. Durch diese Unabgeschlossenheit bildet sich jedoch eine „Ökonomie der Aufmerksamkeit"[100] aus, was im Kern bedeutet, dass die Inhalte der Publikationen hinter ihren Verpackungen zurücktreten, da um die begrenzte Aufmerksamkeit der Rezipienten geworben werden muss. Bei politischen Inhalten würde dies bedeuten, dass die User nicht als Bürger angesprochen werden, sondern als Konsumenten.

Weiterhin steigen die Anforderungen an die Nutzer im Vergleich zu traditionellen Medien, da die Quantität der Angebote die Qualität um ein Vielfaches übersteigt.[101] Die unüberschaubare Masse an Informationen führt zu einer weiteren Fragmentierung oder Zersplitterung der Öffentlichkeit in Teilöffentlichkeiten. Niemand ist in der Lage, das gesamte Informationsangebot des Internets zu überschauen. Es ist zwar positiv, dass jeder – so er Zugang zum Internet hat – dies zur Artikulation nutzen kann. Die Frage ist nur, inwieweit die kommunizierten Inhalte einen Rezipienten (User) erreichen.

---

97 vgl. Neuberger 2003.

98 Habermas 1971.

99 vgl. Neuberger 2003.

100 Goldhaber 1997.

101 vgl. Neuberger 2003.

Politiker haben jedoch trotz der Unübersichtlichkeit und den bestehenden Zugangshürden die Vision, dass durch das Internet die Politikverdrossenheit der Bürger dadurch aufgefangen werden kann, dass diese sich in einem interaktiven Medium an der Demokratie aktiv beteiligen können und wollen. Dazu bemerkt Welz kurz und richtig: „Das Internet kann die Partizipation zwar erleichtern, den Willen dazu aber bei den Wählern nur bedingt erzeugen."[102]

Das Internet vermag zwar die technische Grundlage zu liefern, mit welcher der „Brechtsche Kommunikationsapparat"[103] Realität werden könnte, jedoch geht dies nur, wenn die Nutzer und Bereitsteller der Infrastruktur sich der Aufgabe annehmen, es zu einem solchen zu gestalten.

> „Der Grundirrtum des Mythos besteht darin zu glauben, dass Öffentlichkeit ein technisches Problem darstellt, das sich mit einem geeigneten technischen Instrumentarium lösen lässt."[104]

Der Faktor Mensch und die sozialen Strukturen, die vielerorts die Internetnutzung bedingen, begrenzen auch die grundsätzlich unbegrenzten Möglichkeiten des Internets. Wägt man die Stellungnahmen zur Konstituierung politischer Öffentlichkeit im Internet ab, so ergibt sich ein polarisiertes Bild: auf der einen Seite enthusiastische Prognosen, auf der anderen Seite Skeptiker.

2.3 Mehr Demokratie durch das Internet?

Die enthusiastische Position prognostiziert einen starken und positiven Einfluss des Internets auf die Strukturen von Öffentlichkeit. Durch das Internet kommunizieren die Bürger mehr miteinander, im Umkehrschluss erfährt die Meinung der Öffentlichkeit – und damit die der Bürger – eine Stärkung gegenüber dem Staat, da mehr Menschen in diese Öffentlichkeit miteinbezogen werden. Die Beschaffenheit des Internet selbst (vernetztes, freies Netzwerk) kann durch die „Verfügbarkeit, Aktualität, Kapazität sowie Verknüpfung von Informationen"[105] zu einer verbesserten Mitbestimmung der Bürger in einem direkteren, Gleichheit fördernden politischen System führen.[106] Als sehr wichtiger Faktor gilt hierbei, dass die Informationen direkt ausgetauscht werden können, ein Eingreifen Dritter würde entfallen. Es kann argumentiert werden,

---

102 Welz 2002: 9.

103 Brecht 1932: 146f.

104 Neuberger 2003.

105 Hoecker 2002: 37.

106 vgl. Seifert 2006: 49.

> „[...] dass das enthierarchisierte und dezentralisierte Medium Internet in seinen Inhalten nicht durch die Selektionsleistung Dritter beeinflusst wird; Gatekeeper existieren buchstäblich nicht“[107].

Dadurch können Meinungen frei geäußert und rezipiert werden, politische Öffentlichkeit wäre somit hergestellt.[108] Weiterhin ist es im Internet leichter, an Informationen zu kommen, was den Bürger wiederum in die Lage versetzt, sein Anliegen deutlicher und kompetenter formulieren zu können. Der Gedanke der Liberalisierung der Meinungsäußerung wird auch von Vertretern weniger enthusiastischer Gesamtbeurteilungen als positiv für die Aufwertung der Mitspracherechte der Bürger eingeschätzt, da sich diese zumindest in virtuellen Gesellschaften in einem vorpolitischen Raum zusammenfinden.[109] Die deliberative Variante der euphorischen Einschätzung nimmt das politische System zum Ausgangspunkt und orientiert sich daran, inwieweit durch eine „elektronische Demokratie“ eine höhere Partizipation und damit eine Stärkung des politischen Systems insgesamt erreicht werden kann.[110] Emmer und Vowe haben im Rahmen einer Langzeitstudie bereits untersucht, inwieweit das Internet eine Rolle bei der politischen Mobilisierung der Bürger spielen kann.[111] Im Kern des Konzeptes der Mobilisierung stehen neben der Mediennutzung die möglichen Handlungsformen politischer Partizipation, und damit die direkte oder indirekte Beeinflussung politischer Entscheidungen.[112] Mobilisierung bedeutet an dieser Stelle das Involvieren der Bürger in politische (Entscheidungs-) Prozesse – dies jedoch nicht nur über die Kanäle des Internets.[113]

> „Vielmehr ist denkbar, dass mit der Verbreitung des Internets auch mehr Bürger bereit sind, Verantwortung zu übernehmen und sich stärker der Politik annehmen. Die politischen Belange des Landes würden für die Bürger attraktiver, das Internet zur demokratischen Initialzündung.“[114]

Damit würde auch einer oft angenommenen und geäußerten, empirisch nicht wirklich zu belegenden „Politikverdrossenheit“ entgegengewirkt.[115]

Die skeptische Position hingegen argumentiert, dass die „Barrieren zwischen Individuum und politischer Öffentlichkeit vorwiegend nicht technischer, sondern sozialer Natur sind“[116]. Diese werden durch das Internet nicht aufgehoben. Hier spielt das begrenzte Zeitbudget, eine fehlende Bereitschaft

---

107 ebd., a.a.O.
108 vgl. Donges/Jarren 1999: 86f.
109 vgl. Meckel 1999: 231.
110 vgl. Donges/Jarren 2002: 130.
111 vgl. Emmer/Vowe 2004: 192f.
112 vgl. Nohlen 1998: 470.
113 vgl. Holtz-Bacha 1997: 15f., Seifert 2006: 49.
114 Seifert 2006: 49.
115 vgl. Schmidt 2004: 541ff.
116 Donges/Jarren: 130f.

der Nutzer zur gezielten Suche nach politischen Informationen oder aber die fehlende Verknüpfung an soziale Beziehungen, in denen Glaubwürdigkeit und Vertrauen von Bedeutung sind, eine Rolle.[117] Hier wird deutlich, dass in der skeptischen Position den traditionellen Massenmedien weiterhin die wichtigste Rolle im Medienkanon zugeschrieben wird. Durch ihre Selektionsleistung sind sie am besten dazu in der Lage, eine auf Vertrauen und Glaubwürdigkeit basierende Medienöffentlichkeit herzustellen, die besonders für die politischen Akteure von Relevanz ist, die ein möglichst breites Publikum erreichen wollen.[118]

Dennoch liegt auch dieser Arbeit eine bedingt enthusiastische Position zur Beurteilung der Chancen der neuen Medien zu Grunde, welche auf einem diskurstheoretischen Modell von Öffentlichkeit fußt, welches wiederum seine Wurzeln im Strukturwandel der Öffentlichkeit hat und an die Theorien von Jürgen Habermas anlehnt (vgl. Punkt 1.2.2). Auch Leggewie und Bieber sehen das Potenzial des Internets im Kontext deliberativer Demokratie. Es kann die Binnenkommunikation politischer Eliten verstärken, indem es gewährleistet, dass alle Akteure des bürgerschaftlichen Engagements in Entscheidungsprozesse mit eingebunden werden, und damit als Forum für die Erörterung öffentlicher und entscheidungsrelevanter Angelegenheiten im Sinne deliberativer Demokratie genutzt werden kann. Außerdem sehen die Autoren die Chance, es als „Hilfsmittel direktdemokratischer Entscheidungsprozesse“[119] zu nutzen. Das Internet hat somit das Potenzial, als ein Element der Deliberation in demokratischen Prozessen zu dienen, auf jeden Fall dient es aber als eine weitere Quelle für Bürger, die sich politisch informieren möchten. Damit ist eine Verstärkung der politischen Kommunikation bei einigen Gruppen zu erwarten. Ob eine wirkliche Mobilisierung auch von bisher komplett politisch Uninteressierten eintritt, bleibt fraglich. Aber genau solche Personengruppen gilt es, im Wahlkampf zumindest temporär zu politisieren und damit zu einer Stimmabgabe zu bringen (vgl. Punkt 1.4).

2.4 Grenzen und Hindernisse politischer Online-Kommunikation

Die Probleme des Internets sind klar umrissen: Die Menschen müssen wirklich in die Lage gebracht werden, die Möglichkeit der Technologie ausnutzen zu können. Das beinhaltet auf der einen Seite die Realisierung des rein technischen Zugangs für alle, auf der anderen Seite die wirkliche Aktivierung der Menschen, die bereits online sind. Neben der technischen Komponente geht es hierbei darum, hinreichende Medienkompetenz bei den Bürgern sicherzustellen. Die Menschen, die online sind, informieren sich vielleicht über das

[117] vgl. Jarren 1998.
[118] vgl. Donges/Jarren 2002: 131.
[119] Bieber/Leggewie 2003: 126.

Internet, jedoch bleibt zu bezweifeln, ob dieses Informieren auch in jedem Fall zu einem vermehrten Wissen und damit zu einer verbesserten Partizipation am öffentlichen Diskurs führt. Diese Problematik ist in den beteiligten Wissenschaften bekannt. Diskutiert wird sie zum einen unter dem Aspekt von entstehenden Wissensklüften und dem Problem der medienvermittelten Information, zum anderen unter dem Schlagwort Digital Divide – einer Art Weiterführung der Wissensklufthypothese in der netzwerkbasiert kommunizierenden Gesellschaft.

2.4.1 Die Wissensklufthypothese

Tichenor, Donohue und Olien haben 1970 die Hypothese von der wachsenden Wissenskluft formuliert. Sie besagt, dass wenn der Informationszufluss von Massenmedien wächst, die Bevölkerungssegmente mit höherem sozioökonomischen Status zu einer rascheren Aneignung dieser Information als die statusniedrigeren Segmente tendieren, sodass die Wissenskluft zwischen diesen Segmenten tendenziell eher zu- als abnimmt.[120] Ein Mehr an Information führt somit nicht dazu, dass Ungleichheiten mit der Zeit abgeschwächt werden, sondern im Gegenteil: Die Ungleichheiten werden vertieft.[121] Außerdem hat sich die Medienlandschaft mittlerweile derart ausdifferenziert, dass sie auf Teilpublika zugeschnittene Produkte veröffentlicht. Diese Entwicklung steht der eigentlichen Funktion der Massenmedien, welche die Integration aller Bürger in die Gesellschaft sicherstellen soll, im Weg.[122]

Weiterhin wurde in Studien festgestellt, dass Printmedien mehr Themenangebote als Radio und Fernsehen bieten beziehungsweise eine höhere Aussagenqualität vorweisen können und somit als „informationsreicher"[123] gelten können. Personen mit einem höheren Bildungsniveau tendieren dazu, Printmedien frequentierter zu nutzen als Personen mit einem niedrigeren Bildungsniveau, was dazu führt, dass der Informationsfluss in diesem Medium steigt (angebotsbedingte Wissenskluft).[124] Ebenso steigt bei Personen mit einem höheren Bildungsniveau die qualitative Mediennutzung von informationsreicheren Printmedien, wobei Personen mit einem niedrigeren Bildungsniveau eher audiovisuelle Medien nutzen, die als „informationsärmer"[125] bezeichnet werden (nutzungsbedingte Wissenskluft). Bei der rezeptionsbedingten Wissenskluft wird davon ausgegangen, dass bei Personen mit höherem Bildungsniveau die Medienkompetenzen besser ausgeprägt sind, sodass diese Personen Medieninformationen effizienter nutzen können.[126] Die Nutzerstruktur von Online-Medien schreibt dieses Szenario fort.

120 vgl. Tichenor/Donohue/Olien 1970.
121 vgl. Bonfadelli 2004: 252f.
122 vgl. Jaklin 1998.
123 Arnhold 2003: 106.
124 vgl. Bonfadelli 1994: 105.
125 Arnhold 2003: 107.
126 vgl. Bonfadelli 1994: 106f.

2.4.2 Das Problem medienvermittelter Information

Auch wenn die Mobilisierungsthese davon ausgeht, dass Menschen sich über Medien Informationen zu eigen machen, und dies in einem weiteren Schritt zu einer besseren Partizipation führt, ist ein Großteil der medienvermittelten Informationen für die Rezipienten nicht relevant.[127] Medien schaffen jedoch die Bedingungen für einen erfolgreichen Wissenserwerb. Es wird deutlich, das Informationen die Vorraussetzung für die Entwicklung von Wissen sind. Wissen durch Medien zu erhalten, gelingt nur, wenn die Vielzahl an Informationen kontextualisiert, bewertet und selektiert wird. Nur das Bereitstellen der Informationen in einem „Aggregatszustand [...], der sie konsumierbar macht“[128], reicht jedoch nicht aus. Bei der Nachrichtenrezeption fällt dies besonders ins Gewicht, da Nachrichten als „wichtigstes Genre zur Vermittlung von (politischem) Wissen“[129] betrachtet werden. Noelle-Neumann spricht in Bezug auf das Rezipientenverhalten hier von einer „Wissensillusion“ – die Rezipienten fühlen sich gut informiert, obwohl sie nur etwa 25 % der Nachrichteninhalte behalten.

Dennoch sollten die Medien in einer Gesellschaft dazu beitragen, eine allgemeine „Anhebung der Informiertheit und des Wissens in der Gesellschaft“[130] zu erreichen. Dadurch schaffen sie die Voraussetzungen, „die es dem Bürger erlauben, sich demokratisch an seinem Staat zu beteiligen“[131]. In Bezug auf das Internet wird auch hier deutlich, dass es nicht als bloßes Informationsmedium betrachtet werden sollte, sondern eher in Bezug auf seine interaktiven Rückkopplungspotenziale untersucht werden sollte. Denn ein „[...] Mehr an Informationen“ führt „nicht zu parallel auch mehr Informiertheit, d. h. zu mehr Verstehen, Orientierung und Entscheidungsfähigkeit“[132].

2.4.3 Der Digital Divide: eine neue Art der Wissenskluft

Die Wissensklufthypothese thematisiert die ungleiche Verteilung von Wissen in der Gesellschaft und drückt somit eine Zweiteilung der Gesellschaft in „Informationsreiche“ und „Informationsarme“ aus. Im Hinblick auf neue Medien äußert sich die Wissenskluft in dem Begriff „Digital Divide“ (digitale Spaltung oder digitale Kluft).

> „Der Begriff Digital Divide [...] bezeichnet eine Kluft, die sich aus unterschiedlichen Zugangschancen [...] zu den neuen Medien [...] ergibt. Soziale Gruppen, die wirtschaftlich besser gestellt sind und/oder über einen höheren Bildungs-

---

127 vgl. Bolz 2001.

128 ebd.

129 Winteroff-Spurk 1999: 17.

130 Bonfadelli 1994: 41.

131 ebd.: 17.

132 ebd.: 35.

> abschluss verfügen, nehmen den wachsenden Informationsfluss [...] schneller auf als Bevölkerungsteile, die wirtschaftlich schwächer gestellt sind und/oder über einen niedrigeren Bildungsabschluss verfügen. Die Wissenskluft – so die These – verstärkt sich durch die zunehmende Verbreitung der neuen Medien, insbesondere des Internets."[133]

An dieser Stelle soll der Aspekt des Zugangs zum Internet thematisiert werden, der neben dem Nutzungsaspekt, d. h. der Frage nach seiner effektiven Nutzung, einer der zentralen Aspekte der digitalen Kluft ist. Es lassen sich zwei grundsätzliche Aspekte in Bezug auf den Zugang zum Internet feststellen: zum einen das Einkommen und zum anderen der Bildungsstand. Diese beiden Faktoren sind es auch, die sich bei einer Untersuchung der Nutzungsgewohnheiten von Breitbandanschluss-Nutzern in den USA als ausschlaggebend herausstellten.[134] Aus diversen Gründen (vgl. Kapitel 3) ist auch für die Nutzung von Web-2.0-Angeboten ein schneller Breitband-Internetanschluss von großer Bedeutung. In der oben genannten Studie ergab sich, dass das Internet für 40 Prozent der Breitbandnutzer zu der Primärquelle für Nachrichten geworden ist. Die Nutzer setzen sich zusammen aus gut gebildeten, meist männlichen und eher jüngeren Menschen. Der Report macht außerdem deutlich, dass nach und nach immer mehr Menschen über einen Internetanschluss verfügen, aber dass ein zeitverzögerter Anschluss an das Datennetzwerk Internet auch zu einer verzögerten Aneignung und Weiterentwicklung der Fähigkeiten führt, die dazu vonnöten sind, die technologischen Gegebenheiten auch in vollem Umfang nutzen zu können. Die Kluft wird zwar Stück für Stück geschlossen, jedoch werden gewisse Gruppen von Menschen, welche die neuesten Technologien zuerst zur Verfügung haben, immer einen Nutzenvorsprung vor Neu-Nutzern haben. Wood und Smith verdeutlichen dies mit der „snapshot critique", wonach in Bezug auf den Digital Divide nicht der Unterschied zwischen „Have" und „Have-Nots" entscheidend sei, sondern jener zwischen „Have-Nows" und „Have-Laters"[135]. In Bezug auf Breitband-Nutzung ist zwar festzustellen, dass hier die Zuwachsraten hoch sind, jedoch ist zu erwarten, dass auch diese Technologie durch eine schnellere in der Zukunft abgelöst wird. Bereits jetzt gibt es auf der Nachrichtenseite der ARD Angebote mit ergänzenden Informationen, die man mit einem langsamen 56Kbits-Modem nicht abrufen kann, lediglich über ISDN oder DSL.[136] Die Medien nehmen die Möglichkeit an, ergänzende Inhalte online zu stellen, die nur aufgrund der schnellen Internetverbindungen auch genutzt werden können. Die Deutsche Telekom ist bereits dabei, ein noch schnelleres Leitungsnetzwerk aufzubauen: VDSL.[137] Jedoch wird dies zuerst auch nur in

---

133 Gleich 2004: 233.

134 vgl. Horrigan 2006.

135 vgl. Wood/Smith 2005: 170ff.

136 Zum Beispiel das Dossier „Tschernobyl – 20 Jahre danach" (http://www.tagesschau.de/thema/0,1186,OID5452242,00.html, online abgerufen am 3.8.2007)

137 Very High Speed Digital Subscriber Line.

deutschen Großstädten zur Verfügung stehen.[138] Damit sind diese Stadtbewohner unter den „Have-Nows" anzusiedeln, die übrigen Staatsbürger können als „Have-Laters" gelten. Wie sich diese neue, teilweise dreißig- bis vierzigfache Verbindungsgeschwindigkeit auf Medieninhalte und damit auch auf das Nutzerverhalten auswirkt, sollte in der Zukunft untersucht werden.

Das Internet hat also einen gewissen verstärkenden Einfluss auf die politische Kommunikation und wirkt sich ebenfalls auf die Partizipation (Mobilisierung) der Bürger in demokratischen Gesellschaften aus. Vowe jedoch schränkt ein:

> „Es wird vor allem dort eingesetzt, wo es seine Stärken ausspielen kann, nämlich im Bereich der interpersonalen Kommunikation und interaktiver Partizipation."[139]

Die Frage danach, ob die Internetnutzung eine digitale Spaltung herstellt oder verschlimmert, ob das Ganze eher ein Zugangsproblem als ein Wissensproblem ist, wie Arnold[140] fragt, sollte meiner Meinung nach mit einem „Sowohl-als-auch" beantwortet werden. Daher sollte versucht werden, im Sinne einer Verbesserung der politischen Rahmenbedingungen und einem „Mehr" an Demokratie beiden Problemen die gleiche Aufmerksamkeit zu gewähren. Neben dem technischen Anschluss brauchen die Nutzer Kompetenzen, um überhaupt die technischen Möglichkeiten in persönlichen, sozialen und gesamtgesellschaftlichen Gewinn ummünzen zu können. Bislang scheint es jedoch noch so zu sein, dass das „Internet seine ‚mobilisierenden Karten' nur bei den besser Gebildeten ausspielen"[141] kann. Dies ist zwar bedenklich, aber vor dem Hintergrund, dass das Internet erst seit 1992 auch von Nicht-Techniker und Laien genutzt werden kann, so ist es ihm doch rasant schnell gelungen, einen Platz zwischen den etablierten Medien zu ergattern und nach und nach auch sein Alleinstellungsmerkmal, die Rückkanalfähigkeit, herauszustellen. Weiterhin kann das Internet als kommunikationstechnologische Konsequenz des gesellschaftlichen Wandels moderner Demokratien angesehen werden. Die Architektur als Netzwerk trägt einer immer weiter voranschreitenden Ausdifferenzierung der Gesellschaft Rechnung.

---

138 vgl. Telekom 2006.

139 Vowe 2007: 2.

140 Arnold 2003.

141 Seifert 2006: 55.

2.5 Das Internet im Wahlkampf

Für die vorliegende Arbeit ist es wichtig, die Funktion des Internets in der Wahlkampfkommunikation zu verdeutlichen. Denn in Sachen Internet und Politik werden der Einfluss und die Chancen der Internetnutzung auf vielen Ebenen diskutiert, so zum Beispiel unter den Schlagwörtern E-Government, E-Democracy und E-Voting. Im Bereich des E-Government stehen digital vermittelte Dienstleistungen der Verwaltung im Mittelpunkt. Der Bürger kann Formulare online ausfüllen, beantragen etc. Er tritt sozusagen als Kunde gegenüber Behörden auf. E-Voting ist ein Schlagwort, bei dem es hauptsächlich um die Möglichkeiten der Stimmabgabe per Computer vom heimischen Schreibtisch aus geht. Der Begriff E-Democracy oder auch elektronische Demokratie greift da weiter, er sieht den Bürger als Souverän, als gleichberechtigten Teilnehmer an politischen Prozessen. Leggewie und Bieber weisen darauf hin, dass es bislang aber an einer einschlägigen Definition für E-Democracy mangelt.[142] Die Autoren subsumieren unter ihrem Begriff der „digitalen Politikprozesse" alle empirisch beobachtbaren Entwicklungen, die sich bei der Verkoppelung mit Politikroutinen und demokratietheoretischen Überlegungen erkennen lassen, so auch die Politik-Routine Wahlkampf, hier also Online-Wahlkampf.

In Bezug auf Informationsleistung hat das Internet das Potenzial, einer direkteren Kommunikation (vgl. Punkt 1.4.2) den Weg zu bereiten. Die Parteien können selber die Themen setzen, die sie auf die Agenda bekommen möchten, und umgehen die Gate-Keeper der traditionellen Medien, um in eine Öffentlichkeit zu finden (vgl. Punkte 2.2 und 2.3). Das Problem hierbei ist jedoch auch, dass es ohne „Aufpasser" zu Steuerungsverlusten kommen kann. Informationen verselbstständigen sich. Dies steht im krassen Gegensatz zum Konzept der „Source Professionalization", wonach Kampagnenplaner das größtmögliche Maß an Kontrolle über Inhalte, Events, Beteiligte und Daten haben möchten. Das Internet ist in diesem Sinne schlecht kontrollierbar.[143]

Dennoch: Als Durchbruch hinsichtlich der Nutzung des Internets im Wahlkampf gilt der US-Präsidentschaftswahlkampf von 1996. Zentral waren hierbei die Campaigning-Sites, die als „virtuelle Visitenkarte im Internet"[144] dienten. Die hierauf angebotenen Inhalte, aber auch die restlichen Inhalte der jeweiligen Kampagnen wurden auf den Online-Ablegern traditioneller Medienhäuser ebenfalls bearbeitet. Laut Auswertung der Nutzung politischer Online-Informationsquellen im 1996er Wahlkampf schafften es diese News-Sites, die Angebote der Parteien in Bezug auf Zugriffszahlen deutlich in den Hintergrund zu stellen.[145] Eine dritte Anwendung für das Internet im Wahl-

142 vgl. Bieber/Leggewie 2003: 135.
143 vgl. Abold 2006.
144 Bieber 1999: 123.
145 vgl. Bieber 1999: 126.

kampf waren Online-Veranstaltungen. Unter anderem wurde im Rahmen dieser erstmals eine Debatte zwischen den Kandidaten Dole und Clinton live ins Internet übertragen.[146] Im Anschluss daran wurde eine Mitschrift ins Netz gestellt, weiterhin konnten bisherige Statements der einzelnen Diskutanten zu den besprochenen Themen eingesehen werden, angereichert mit weiterführenden Informationen wie z. B. Statistiken, anhand derer die Internetnutzer den Wahrheitsgehalt der Aussagen überprüfen konnten. Demokratietheoretisch sei an dieser Stelle darauf verwiesen, dass die technischen Möglichkeiten des Internets zwar die Distanz zwischen Wähler und Kandidat verkürzt haben, jedoch gab es bei den drei Hauptbestandteilen von Campaigning-Sites (Präsentation des Kandidaten, Katalogisierung politischer Standpunkte, Schnittstelle zur Wählerschaft) ein klares Übergewicht zugunsten der reinen Präsentation. Partizipative, wählerorientierte Elemente wurden in den Hintergrund gedrängt.[147] Die Webseiten bildeten mit einer „Mischform aus Wahlplakat, Organisationszentrale und Publikumsveranstaltung marketinglastige Wahlkampf-Plattformen“[148].

Nach und nach hat sich das Internet als fester Bestandteil in den Kampagnen der postmodernen Wahlkämpfe etabliert.[149] Wenn am Anfang der Nutzung das Internet noch als ein weiteres Informations- und später als Organisationswerkzeug der Kampagnenmacher gedient hatte, so hat spätestens die Kampagne von Howard Dean, Kandidat in den Vorwahlen der Demokratischen Partei um die Aufstellung als Spitzenkandidat zu den US-Präsidentschaftswahlen 2004, bewiesen, wie hoch der Wert einer Online-Kampagne sein kann. Um die Bedeutung des Mediums Internet zu verdeutlichen, soll an dieser die Kampagne von Howard Dean genauer beschrieben werden.

2.5.1 Dean for America – Portrait einer Online-Kampagne

Howard Dean betrat die Wahlkampfbühne der demokratischen Präsidentschaftskandidatur als Außenseiter gegenüber John Kerry und John Edwards. Durch eine nicht für möglich gehaltene Menge an Kleinspenden und die Aktivierung einer riesigen Anhängerschaft schaffte es Dean, vor den ersten Vorwahlen im In- und Ausland als Favorit zu gelten.[150] „People powered Howard“ – so das Motto einer Kampagne, bei der das Internet zum ersten Mal im Zentrum eines Wahlkampfes stand.[151] Charakteristisch für die Kampagne war die enge Verbundenheit der Organisation mit der Basis, die auch als „Grassroot-Movement“ beschrieben wurde, also Graswurzelbewegung.

146 vgl. Welz 2002: 8.
147 vgl. Bieber 1999: 124.
148 Bieber 1999: 125.
149 vgl. Holtz-Bacha 2006, Scholz 2005 sowie Trippi 2004.
150 vgl. Merz/Rhein/Vetter 2006: 145.
151 vgl. Röttgers 2003.

Hier wurden die Anhänger aktiv in den Wahlkampf einbezogen. Sie konnten nicht nur vorgefertigte Materialen nutzen und verteilen, sie wurden vielmehr zur Ideengebung und Umsetzung der Kampagne herangezogen. Kampagnenchef Joe Trippi betonte den zentralen Charkter des Internets in der Kampagne: „The revolution will not be televised."[152]

Damit dieser Prozess funktioniert, muss die Kommunikation zwischen Kampagne und Unterstützern optimal sein. Dafür nutze Dean „Blog for America", einen Weblog, in dem die Kampagnenmacher über die Kampagne berichteten und die Anhängerschaft kommentierte.[153] Außerdem ergänzten zahlreiche private Blogs das Informationsangebot. Das Internet ermöglichte es dank seiner Architektur als Netzwerk der Netzwerke, dass sich viele Gruppen oder politische Teilöffentlichkeiten zusammenfinden und artikulieren konnten. Dafür stellte sich die Organisationsplattform „MeetUp"[154] als ein hervorragendes Mittel heraus. Bei Meetup werden monatliche Treffen unter den Nutzern abgehalten, die ein gleiches Hobby – oder aber eine politische Ansicht – teilen. Die Nutzer können auch selbst Themen initiieren, zu denen ein Treffen stattfinden soll.

Vor allem dem Fundraising, einem wichtigen Bestandteil zur Wahlkampffinanzierung in Amerika, kam durch den internetzentrierten Wahlkampf von Dean eine neue Bedeutung zu. Die Strategie war, möglichst viele Kleinspenden zu sammeln. Die Spender konnten auf der Webseite genau sehen, wie sich das Spendenbarometer durch ihre Eingabe veränderte. Weiterhin wurden kleine „Houseparties" über das Internet organisiert, bei denen dann gespendet wurde.[155]

Bei all den Trends stand der direktere Kontakt zum Wähler im Vordergrund. Damit folgte der Wahlkampf Deans 2004 genau den Entwicklungen, die im Kapitel 1.4 dieser Arbeit als Kennzeichen postmoderner Wahlkämpfe beschrieben wurden.

Dennoch scheiterte die Kampagne Deans. Bei den ersten Vorwahlen in New Hampshire erreichte er nur den zweiten Platz hinter Kerry, in Iowa blieb ihm gar nur der dritte Rang. Der „Gewinner im Netz" wurde zum „Verlierer an der Urne"[156]. Das Scheitern hatte verschiedene Gründe. Unter anderem litt das Image des Kandidaten, als publik wurde, dass der Politiker, der sich ansonsten vehement für mehr Transparenz in der Politik einsetzte, selbst Dokumente aus seiner Amtszeit als Gouverneur unter Verschluss hielt.[157] Als strategischer Fehler erwies sich die Entscheidung, auf steuerfinanzierte Werbemittel zu verzichten. Da die Kampagne am Anfang sehr viel Geld eingenommen hatte, verzichtete man, da diese Art der Finanzierung nach amerikanischem Recht dazu führt, dass Ausgabehöchstbeträge einzuhalten sind. John

152 Trippi 2004.

153 Dean 2004.

154 www.meetup.com.

155 vgl. Merz/Rhein/Vetter 2006: 148.

156 Wendler 2004.

157 Page 2003.

Kerry konnte seinerseits auf ein größeres Privatvermögen zurückgreifen, was ihn dann finanziell wieder Dean übertrumpfen ließ.[158]

Auch in Bezug auf die onlinezentrierte Kampagnenführung an sich lassen sich im Nachhinein Kritikpunkte ausmachen, die zum Scheitern der Kampagne beigetragen haben können. R. Ridder, Wahlkampfberater von Dean, vertritt in einem Interview mit Lederer den Standpunkt, dass die deutliche Kommunikation der Kampagne als Internetkampagne dazu geführt habe, dass die Neuerungen in der Kampagnenführung der einzig klar erkennbare Inhalt der Kampagne waren. Politische Inhalte seien nicht deutlich genug kommuniziert worden.[159] Bieber sieht dies als Teil eines „Kategorienfehler[s] von Internetkampagnen“[160]. Die Wähler wurden als Konsumenten angesprochen, es wurde jedoch keine politische Perspektive auf das Internet gelenkt. Ridder sieht das schnelle und kostengünstige Spendensammeln, die Aktivierung der Unterstützer und vor allem das Einholen der Meinung der Wähler (via Blog-Kommentaren) als Erfolg der Kampagne. Es wurde seiner Meinung nach lediglich in der späteren Phase der Kampagne nicht darauf geachtet, dieses Geld auch für eine bessere Anschlusskommunikation in den traditionellen Massenmedien auszugeben, wie etwa für bessere TV-Spots.

Aber auch wenn die inhaltsgebundene Kommunikation für Bieber zu kurz kam, so sieht er dennoch, dass es Dean gelang, mit der internetbasierten Kampagne viele Menschen zu aktivieren, um erstmals aktiv an Wahlkämpfen teilzunehmen. Deans ehemaliger Berater Shirky warf nach dem Scheitern eine andere These auf: Die Stoßkraft der Kampagne im Internet habe nicht ausgereicht, um sie vor und während der Vorwahlen auf die „reale Welt“ zu übertragen. Aktivisten und Kampagnenmacher hätten sich zu sehr auf die gefühlte Wahlprognose unter den Online-Nutzern verlassen und dabei möglicherweise nicht beachtet, dass auch im Rest der Bevölkerung ein Stimmungsumschwung vonnöten gewesen sei. Dieser blieb aus, Dean verlor.

Aufgrund der stark wachsenden Verbreitung des Internets und dessen zunehmend wichtigen Rolle in den Lebenswelten der Bürger muss politische Kommunikation auch hier ansetzen. Bisherige Kampagnen haben bereits hohes kreatives Potenzial bei der Erstellung politischer Angebote bewiesen. Das Hauptaugenmerk von Seiten der Politik scheint hierbei auf der Möglichkeit der direkteren Wähleransprache und hohen Erreichbarkeit individueller Zielgruppen zu sein. Das Ausschöpfen der Möglichkeiten, die das Internet bietet, steht und fällt jedoch mit der Akzeptanz dieser unter den Nutzern und mit dem notwendigen Überwinden bestehender Zugangsbarrieren.

---

158 vgl. Merz/Rhein/Vetter 2006: 148.

159 vgl. Lederer 2004.

160 Bieber 2004.

3 Politische Kommunikation im Web 2.0

Wahlkämpfe fungieren seit Mitte der 90er-Jahre als Modernisierungsmotor politischer Kommunikation in neuen Medien. Standen Ende der 90er-Jahre noch „virtuelle Parteizentralen“[161] im Vordergrund, rückten mit dem neuen Jahrtausend ausgefeilte Kampagnenseiten sowie diverse Elemente des „Negative Campaigning“ an diese Stelle.[162] Spätestens seit dem US-Vorwahlkampf 2004 und der internetbasierten Kampagne von Howard Dean übernehmen Elemente des sogenannten Web 2.0 eine zentrale Rolle bei Internetwahlkämpfen. Was wird aber damit gemeint, wenn nun allerorten vom Web 2.0, dem neuen „Mitmach-Internet“ und Social Software gesprochen wird? Sind Hoffnungen nach einem „Mehr“ an Beteiligung durch das Internet nun dabei, im Web 2.0 Realität zu werden? Die aktuellen Vorwahlkämpfe in den USA und der zurückliegende Präsidentschaftswahlkampf in Frankreich haben ein großes Medienecho erlangt – dies aber nicht wegen der Inhalte, sondern oftmals mehr aufgrund der vermeintlich revolutionären Art und Weise, wie hier mit Anwendungen aus dem Bereich des Web 2.0 auf Stimmenfang gegangen wurde.[163] Wird die politische Kommunikation durch die neuen Anwendungen der neuen Medien wirklich revolutioniert? In diesem Kapitel soll ein Überblick über die wichtigsten Anwendung sowie derer Einsatzmöglichkeiten entstehen.

3.1 Begriffsdefinition Web 2.0/Social Software

Social Software und Web 2.0 werden oft annähernd synonym verwendet. Dies ist wird jedoch einer genauen Untersuchung im Umfeld des Web 2.0 nicht gerecht, daher soll an dieser Stelle kurz unterschieden werden. Weit gefasst könnte man sagen, das Web 2.0 beschreibt einen Entwicklungszustand, in dem sich das Internet momentan befindet, Social Software jedoch umfasst gewisse internetbasierte Anwendungen, die bestimmten definierten Merkmalen gerecht werden.

Der Begriff Web 2.0 geht zurück auf eine Brainstorming-Session des amerikanischen Verlegers Tim O'Reilly im Jahr 2004. Primär wollten die Teilnehmer herausfinden, welche Kernkompetenzen die Internetfirmen hatten, die 2004 nach dem Platzen der Internet-Blase 2000/2001 noch oder wieder erfolgreich im Internet aktiv waren.[164] Um die Veränderungen am Internet an sich ging es (erst einmal) nicht.[165] Aber dafür berichteten die Medien recht

161 vgl. Bieber 1999.
162 vgl. Bieber 2002.
163 vgl. Kappes 2007.
164 vgl. O'Reilly 2005.
165 vgl. Alby 2007: 15.

ausführlich über eine „Revolution im Web“[166] und ein „demokratisches Netz, an dem alle teilhaben“[167]. Es war die Rede von Vertrauen und Authentizität[168] und man sah Fachleute unter dem Titel Web 2.0 nach neuen Wegen für mehr Kommunikation und Interaktion suchen.[169] Die NZZ brachte es schon eher auf den Punkt: „Das neue Web ist nicht mehr bloß eine Ansammlung von Webseiten, sondern eine Plattform.“[170] Der Begriff ist sehr dehnbar und nicht fest definiert. Fest steht, dass durch die Bezeichnung als „2.0“ eine vorangegangene Version „1.0“ impliziert wird. Als diese erste Version wäre das Internet in seiner bisherigen Form anzusehen. Es lässt sich feststellen, dass der Gebrauch des Wortes Web 2.0 auch immer die Existenz des Web 1.0 impliziert. Die Versprechen der ersten Version wurden nicht eingehalten und waren mit dem Platzen der New-Economy-Blase vorerst verschwunden. Nun scheint es, als ob diese in der Idee des Web 2.0 wieder aufleben können. Alby vertritt die Theorie, dass sich der Begriff Web 2.0 hauptsächlich deswegen so stark etabliert habe, da er aus dem in Internetveröffentlichungen sehr erfolgreichen Verlags O'Reilly Media stamme.[171] Fest steht, dass sich größere Änderungen im Internet ergeben haben, seit die „Blase 1.0“ geplatzt ist.

> „Die Release-Nummer [...] steht, getrennt durch einen Punkt, vor der Level-Nummer. [...] Bei jeder größeren oder gravierenden Änderung an dem Software-Element wird die Release-Nummer um 1 erhöht und gleichzeitig die Level-Nummer auf 0 gesetzt.“[172]

Das Internet ist jedoch eigentlich als technisches Netzwerk auch weniger eine Software als vielmehr Hardware. Weiterhin kann keine alleinige Veränderung ausgemacht werden, die einen Versionssprung erklären könnte. Stattdessen haben sich mehrere Entwicklungen aufgetan, die das Internet verändert – nicht revolutioniert – haben. Der Begriff Web 2.0 ist durch die fehlende Autorität und der damit einhergehenden fehlenden Definition zu einem Marketingschlagwort geworden, dass jeder verwenden kann, wie er es möchte.[173]

166 Stöcker 2006.
167 ebd.
168 vgl. Sixtus 2005.
169 vgl. Zschunke 2006.
170 NZZ 2006.
171 vgl. Alby 2007: 17.
172 Balzert 1998: 238.
173 vgl. Alby 2007: 18.

3.1.1 Technischer Hintergrund: Revolution oder Evolution?

Viele der Webseiten, die heute unter dem Begriff Web 2.0 erfolgreich laufen, verfügen über keine nennenswerten Veränderungen in Sachen Softwarearchitektur gegenüber den Anfangszeiten des Internets. Der HTML-Code ist etabliert und bildet immer noch die Basis aller Anwendungen. Vielmehr hat sich das gesamte Umfeld des Internets verändert. Der größte Unterschied liegt in der Veränderung sowohl der Datenübertragungskapazität und Geschwindigkeit moderner Anschlüsse sowie in den deutlich niedrigeren Zugangskosten. Dadurch haben sich aber auch die Angebote an sich verändert.

3.1.1.1 Die Fakten: von der New Economy zum Web 2.0

Viele Internetseiten, die für den Erfolg des Web 2.0 stehen, sind erst mit der technischen Verbesserung der Verbindung möglich geworden – so z.B. die Foto-Gemeinschaft Flickr, auf der eine Vielzahl von Bildern gelagert, betrachtet, bearbeitet, aber auch ausgetauscht werden kann.[174] Als das Web 1995 langsam an Popularität gewann, war der am weitesten verbreitete Zugang der über ein 9.600bps-Modem.[175] Seit 1999 ist es in Deutschland möglich, DSL-Anschlüsse bei der Telekom zu beantragen. Hiermit ist man in der Lage, auch große Dateien in Bruchteilen einer Sekunde zu übertragen. Für Fotoseiten wie Flickr bedeutet dies, dass man problemlos Bilder in wenigen Minuten hochladen kann. Vor Jahren hätten die gleichen Datenmengen Stunden, ja sogar Tage gebraucht.

Die Entwicklung der Zugangskosten soll an dieser Stelle nur kurz erwähnt werden. Die Kosten pro Stunde[176] Onlinezeit sind in den vergangenen Jahren deutlich gesunken. Die weite Verbreitung der DSL Hochgeschwindigkeitsanschlüsse hat außerdem dazu geführt, dass sich die Macher der Webseiten darauf eingestellt haben und oftmals deutlich aufwendigere Seiten programmieren als noch beispielsweise im Jahr 2001. Dies führt dann dazu, dass die Menschen, die noch über ein Modem in das Netz gehen, auch noch weniger komplette Seiten in dieser Stunde zu sehen bekommen. In Bezug auf das Scheitern der New Economy könnte dies bedeuten, dass ihr einfach die Nutzer fehlten. 2006 haben z. B. 84 Prozent aller Deutschen zwischen 16 und 74 Jahren mindestens einmal in der Woche einen Breitbandzugang genutzt.[177] Für Frankreich und die USA gelten in etwa die gleichen Werte. Aufwendige Angebote können also wahrgenommen werden. Neben der Technik an sich haben sich aber auch die Nutzer des Internets weiterentwickelt. Einhergehend mit der Durchsetzung verschiedener Standards im Webseitenlayout (vgl.

---

174 www.flickr.com.

175 Bits pro Sekunde. 2.400bps reichen aus, um eine unformatierte Seite Text im DIN-A4-Format in ca. sieben Sekunden zu übertragen.

176 ausführliche Preisentwicklung vgl. Alby 2006: 6ff.

177 vgl. Eurostat 2006.

Punkt 3.1.2) haben die Nutzer ihr Wissen um die Navigation im Internet mit der Zeit verbessern können. Die Standards bei der Webseitengestaltung lehnen sich an jene aus der Softwaregestaltung an, bei denen das Prinzip der Gleichheit (Principle of Consistency) gilt: Eine Anwendung muss mit sich selbst, früheren Versionen der gleichen Software und den Erwartungen der User konsistent sein.[178] Die Entwicklung des Erlernens der Fähigkeiten zur Navigation im Internet ist zwar schwer in Zahlen zu fassen, jedoch kann anhand der abnehmenden Klickraten von Bannerwerbung davon ausgegangen werden, dass der Nutzer mit der Zeit in der Lage ist, sich selbstbestimmter zu bewegen und weniger oft auf solche Werbemethoden „hereinfällt". Alby argumentiert anhand der drei bekannten Konsumentengruppen „Early Adopter, Early Majority und Late Majority", dass das Internet mittlerweile über den Status der experimentellen Nutzung hinaus ist, und mittlerweile selbst die Late Majority dem Internet vertraut, bzw. es zumindest nicht als bedrohlich ansieht.[179]

Ein Grund für dieses Vertrauen sind nicht zuletzt auch die mittlerweile funktionierenden Geschäftsmodelle im Internet. Nachdem selbst vielversprechend aufgestellte Start-ups an der Börse scheiterten, fiel auch auf andere Geschäftsmodelle ein schlechtes Licht. So auch auf Online-Buchhändler Amazon.[180] Bereits ein Jahr nach dieser Meldung verbuchte Amazon schwarze Zahlen, 2003 folgte Gewinn. Somit stand Amazon nur noch in den Schlagzeilen der Finanzpresse, wenn es die Gewinnerwartungen nicht in dem vorhergesagten Maße erfüllte. Ein mindestens ebenso wichtiges Zeichen ist die positive Entwicklung der ehemaligen Suchmaschine Google. Die Firma hat ihr Geschäft unter anderem auf Felder wie E-Mail-Dienste, Chats und andere Kommunikationsservices ausgeweitet und ist in der Lage, mit ihren Aktivitäten hohen Gewinn zu generieren. Der Börsenwert des Unternehmens überstieg im Oktober 2006 den Wert des weltgrößten Computerkonzerns IBM.[181] Der Erfolg gründet sich – neben der hohen Popularität der Suchmaschine – auf die Möglichkeit für Werbekunden, Flächen auf den Suchergebnisseiten kaufen zu können. Durch die Weiterentwicklung der sogenannten AdWords-Werbung[182] konnten Kunden bestimmte Schlüsselwörter buchen, es wurde also ein direkter Zusammenhang zwischen gesuchtem (eingegebenem) Bedürfnis und angezeigtem Werbetext hergestellt.

Für O'Reilly ist ein weiterer Pluspunkt des Web 2.0 das Ende des sogenannten „browser-war[s]"[183]. Microsoft hat sich mit dem Internet Explorer gegenüber den Anwendungen der Konkurrenz, vor allem der des Netscape Navigator, durchgesetzt. Damit mussten Programmierer nur noch für eine

178 vgl. Alby 2007: 10.
179 vgl. ebd.: 11.
180 vgl. Jk/c't 2000.
181 vgl. Jk/c't 2006.
182 www.adwords.google.com.
183 vgl. O'Reilly 2005.

Plattform entwickeln, dies machte den Prozess einfacher und kostengünstiger zugleich.

Die Veränderung in der Entwicklung anderer Software ist ein weiterer Grund, der das Entstehen einer „neuen Art“ des Internets begünstigt hat. In der Vergangenheit herrschten Geschäftsmodelle vor, bei denen Software von einem Hersteller produziert wurde und dieser die Software lizenzieren ließ. Wollte ein Unternehmen eine ähnliche Software entwickeln, war es nicht möglich, auf dem Erfahrungsschatz der vorangehenden Programmierung zu profitieren. Da der Quellcode der Anwendungen verschlüsselt war, konnten deren Ideen und Programmiersystem nicht einmal grob nachvollzogen werden. Heute ist dies anders: Unter dem Begriff „Open Source“[184] arbeiten professionelle Entwickler, aber auch Hobby-Programmierer oder die Endnutzer selbst, gemeinsam an neuen Programmen und an der Verbesserung bestehender Versionen. Da der Begriff einer generell freien Software per se nicht deutlich genug definiert ist, hat sich die GNU General Public License (oder auch GNU-GPL)[185] durchgesetzt. Software, die unter dieser Lizenz steht, darf ohne Einschränkungen sowohl privat wie auch kommerziell genutzt werden. Kopien eines Programms dürfen kostenlos, aber auch kostenpflichtig verteilt werden. Der Clou ist, dass dem Empfänger in jedem Fall nicht nur das Programm, sondern auch der dazugehörige Quellcode auf Anfrage kostenfrei überlassen werden muss. Wenn jemand die Software weiterverteilt, dann müssen auch dem nachgelagerten Empfänger die oben genannten Freiheiten zugestanden werden.[186] Dieser Umschwung hat dazu geführt, dass viele der bestehenden Lizenzsoftware-Unternehmen wie z. B. Adobe oder Microsoft sich einer erhöhten Konkurrenz gegenübersehen. Die Softwareentwicklungskosten für viele Unternehmen, die nun im Web 2.0 erfolgreich tätig sind, haben sich dadurch dramatisch verringert. Es kann problemlos z. B. nach bestehenden Shop-Systemen gesucht werden, welche dann durch deutlich geringeren Programmieraufwand an die Bedürfnisse der Unternehmen angepasst werden können. Mittlerweile sind bei SourceForge mehr als 150.000 OpenSource-Software-Projekte gelistet.[187]

Die Frage, was genau der Begriff Web 2.0 umfasst und was nicht, kann hier nicht abschließend geklärt werden. Stattdessen sollte durch die vorangegangenen Ausführungen jedoch deutlich geworden sein, dass das Internet heute etwas anderes ist, als es vor sieben Jahren zur Zeit der ersten Internetblase war. Welcher Begriff dafür gewählt wird, ist von geringerer Bedeutung.

---

184 vgl. http://de.wikipedia.org/wiki/Open_source (online abgerufen am 18.8.2007).

185 GNU bedeutet „GNU is not Unix“. Es beschreibt ein 1984 gestartetes Projekt, ein vollständig freies Betriebssystem zu entwickeln. Die GNU-GPL Lizenz entstand innerhalb dieses Projekts. Weiterführend auch: www.gnu.org.

186 vgl. http://www.gnu.org/licenses/gpl.html (online abgerufen am 18.8.2007).

187 www.sourceforge.com.

3.1.1.2 Hinter den Kulissen eines Blogs – die Technik

Als wesentlicher Bestandteil des Web 2.0 werden immer wieder *Weblogs*, oder einfach *Blogs* genannt. Dies betont auch O'Reilly: „One of the most highly touted features of the Web 2.0 era is the rise of blogging."[188] Im April 2007 gibt es im Internet etwa 70 Millionen Blogs, jeden Tag kommen etwa 120.000 neue hinzu.[189] Der Name Blog setzt sich aus den Begriffen „web" und „log" (Log wie Logbuch oder Protokoll) zusammen. Ein Blog ähnelt in gewisser Weise einem Journal oder Tagebuch, welches online geführt wird. Dadurch unterscheiden sich manche Blogs auch nur geringfügig von Homepages, den Visitenkarten von Firmen, Personen oder anderen Organisationen in der digitalen Welt. Was aber unterscheidet einen Blog von einer Homepage und führt zu einem derartigen Boom wie momentan?

Durch standardisierte Blogging-Software ist es wesentlich einfacher als noch vor einigen Jahren, eine persönliche Seite im Internet aufzusetzen und zu pflegen. Dienste wie Blogger, Blogspot oder aber WordPress[190] ermöglichen es, sich eine Internetseite nach den eigenen Wünschen zusammenzustellen und mit Inhalt zu füllen. Die einzelnen Einträge werden rückwärtschronologisch aufgeführt, dadurch steht der neueste Beitrag immer an der obersten Stelle. Dies scheint nur eine kleine Abweichung von normalen Webseiten zu sein, wird von Skrenta jedoch als Veränderung gesehen, die mit anderen Veröffentlichungsstrategien breche und vollkommen andere Marketingstrategien etc. erfordern würde. Für Skrenta entsteht so das „Incremental Web"[191]. Alby betont, dass eine der wichtigsten Funktionen in diesem Zusammenhang der Kommentar ist. Kommentare seien eine Aufforderung zur Partizipation:

> „Die Leser sollen nicht einfach nur Lesen, sondern sie sollen teilnehmen, den Autor auf Schwachstellen hinweisen, weitere Aspekte des Themas aufgreifen. So entstehen [...] lebendige Diskussionen in den Kommentaren."[192]

Hier sei noch einmal darauf hingewiesen, dass dieses einfache Erstellen und Listen erst durch das Zusammenspiel verschiedener Techniken ermöglicht wird. Diese sind für sich genommen nicht neu, deren Kombination auf Weblogs jedoch ist ein entscheidender Grund für deren starke Verbreitung. Einen großen Unterschied zu normalen Webpages macht das sogenannte RSS-Verfahren.[193] Damit wird es nicht nur möglich, einen Link auf eine Seite zu stellen, sondern es erlaubt einem Nutzer, den Inhalt einer Webseite zu abonnieren und über jede Veränderung auf dem Laufenden zu bleiben.

---

188 O'Reilly 2005.

189 Sifry 2007.

190 www.blogger.de, www.blogspot.com sowie www.wordpress.com.

191 Skrenta 2005.

192 Alby 2007: 55.

193 RSS steht für Really Simple Syndication oder auch Rich Site Summary.

O'Reilly beschreibt dies als „Live Web"[194]. Zum Lesen muss keine permanente Internetverbindung bestehen, kein Internet-Browser vorhanden sein. Es gibt spezialisierte Programme, die RSS-Feeds in regelmäßigen Abständen abrufen können und die gewünschten Inhalte auch offline zur Verfügung stellen. Seine Kraft entwickelt RSS zusammen mit den sogenannten Permalinks. Dies bedeutet, dass jeder Eintrag auf einem Blog seine eigene Adresse bekommt. Egal welche Änderungen am Blog vorgenommen werden, die Adresse des Artikels verändert sich nicht. Es müssen also nicht, wie beim Erstellen von Homepages, Verzeichnisstrukturen oder ähnliches beachtet werden.

Permalinks werden als ein Schlüssel angesehen, warum sich eine starke Vernetzung zwischen Blogs ausbilden konnte:

> „It may seem a trivial piece of functionality now, but it was effectively the device that turned weblogs from an ease-of-publishing phenomenon into a conversational mess of overlapping communities. For the first time it became relatively easy to gesture directly at a highly specific post on someone else's site and talk about it. Discussion emerged. Chat emerged. And – as a result – friendships emerged or became more entrenched. The permalink was the first – and most successful – attempt to build bridges between weblogs."[195]

Der konsequente Vernetzungsgedanke wird auch bei den sogenannten Trackbacks weitergeführt. Hier erscheinen unter jedem Eintrag auf einem Blog die Adressen, die auf diesen Artikel verlinkt haben.

Bei all den oben beschriebenen Phänomenen wird deutlich, dass der bewegende Charakter und die „driving force" bei der Entwicklung von Anwendungen im Rahmen des Web 2.0 der Vernetzungsgedanke ist. Diese Vernetzung stellt individuelles Wissen anderen Menschen zur Verfügung und erstellt eine Wissensbasis, die eine noch nicht vorstellbare Größe erreichen kann. Welche Auswirkungen das Credo vieler Weblog-Anhänger, „Jeder kann publizieren", auf Öffentlichkeitsstrukturen und damit auch auf politische Kommunikation hat, soll in Punkt 3.2 dieser Arbeit thematisiert werden.

3.1.2 Seitendesign im Web 2.0

Neben den technischen und sozialen Aspekten ist das Design einer Seite im Web 2.0 von Relevanz. Web-2.0-Seiten ähneln sich in Farbgebung, Aufbau und Layout. Die meisten Seiten besitzen weniger als drei Textspalten, der Text ist eher groß geschrieben. Die Seiten an sich werden relativ einfach gehalten. Das Layout ist zentriert, nicht wie bei früheren Webpages linksgerichtet. Am oberen Rand befindet sich der „Header", eine Art Logo der Internetseite. Diese Logos und auch kleinere Icons werden bewusst minimalistisch gestaltet.

---

[194] O'Reilly 2005.

[195] Coates 2003.

Oft sind diese mit einem verspiegelten Effekt belegt oder werfen einen Schatten. Die einzelnen Bereiche einer Seite verfügen meist über gerundete Kanten, zwischen verschiedenen Bereichen wird oft ein weicher Farbübergang gewählt. Hintergrundfarben sind tendenziell blass gehalten oder grau-skaliert. Der Inhalt und einzelne Paragraphen sind in deutlich stärkerer Färbung abgesetzt. Diese werden zum Betonen einzelner Bereiche verwendet, auf einer Seite werden aber oft nicht mehr als drei verschiedene dieser Farben angewandt. „Web 2.0 Design means focused, clean and simple. [...] If I had to sum up Web 2.0 design in word, it would have to be simplicity", konstatiert Webdesigner Ben Hunt.[196]

3.1.3 Kann Software sozial sein?

Wo der Begriff Web 2.0 noch sehr unkonkret wirkt, ist „Social Software" eher von anderen Anwendungen abzugrenzen. Alby nähert sich ihm wie folgt an:

> „Der Begriff Social Software selbst wird in der Regel für Systeme genutzt, mit denen Menschen kommunizieren, zusammenarbeiten oder auf eine Art interagieren."[197]

Damit wären aber auch E-Mail-Programme oder ein gemeinsam genutztes Warenfluss-Steuerungs-Programm wie SAP eine Art Social Software. Da dies für diese Arbeit viel zu weit gefasst ist, müssen weitere Kriterien benannt werden: Social Software fördert und unterstützt *den Aufbau und das Selbstmanagement einer Community* und ermöglicht es der Community, sich *selbst* zu regulieren.[198] Bieber trennt Web 2.0 und Social Software wie folgt:

> „Während das Schlagwort ‚Web 2.0' vor allem im Umfeld der wieder erstarkenden ‚Internet-Ökonomie' Verwendung findet, scheint zur klassifizierenden Beschreibung partizipativer Online-Anwendungen der Begriff ‚Social Software' besser geeignet."[199]

An Social Software ist sehr deutlich zu erkennen, dass sie kein neues Phänomen im Umfeld des Internets ist. Erste gemeinsam nutzbare Projektplattformen, sogenannte Wikis, entstanden bereits Mitte der 90er-Jahre. Wikis sind Anwendungen, die das gemeinsame und (in der Regel) gleichberechtigte Editieren von Textdokumenten im Internet unterstützen.[200] Das wohl bekannteste Projekt, die Online-Enzyklopädie Wikipedia, existiert seit 2001. Deren starker Popularitäts-, Nutzer- und Verlinkungsgrad hat mit hoher Wahrscheinlichkeit dazu beigetragen, dass Social Software gleichzeitig mit

---

196 Hunt 2007.

197 Alby 2007: 89.

198 vgl. ebd., a.a.O.

199 Bieber 2006: 63.

200 vgl. Schmidt 2007: 38.

dem Web-2.0-Begriff eine gewisse Prominenz erlangt hat. Außerdem wurden bereits in den 80er-Jahren IRC-Chatsysteme entwickelt, mithilfe derer in sogenannten „Channels" bis zu 1.000 Menschen miteinander textbasiert kommunizieren konnten. Mitte der 90er kam Client-Software wie der AOL Instant Messenger oder ICQ hinzu. Instant Messaging ist einer der am häufigsten genutzten Dienste des Internets.[201]

Somit kann also hauptsächlich zwischen zwei Kategorien der Social Software unterschieden werden: Bei einer steht die reine Kommunikation der Teilnehmenden im Mittelpunkt, bei der zweiten Kategorie wird diese Kommunikation durch das Einstellen diverser Inhalte erweitert. Der Community-Gedanke steht bei letzterer im Vordergrund, während die erste Kategorie eher die direkte Kommunikation fokussiert.

3.1.4 Populäre Dienste und Anwendungen im Web 2.0

An dieser Stelle soll ein kurzer Überblick über einige typische Anwendungen und Begriffe gegeben werden, die einen exponierten Platz in der Diskussion um das Web 2.0 einnehmen.

3.1.4.1 Podcasting (Audio- und Videopodcasting)

Ein Podcast ist eine Art Radiosendung, die in den meisten Fällen kostenlos im Internet veröffentlicht wird. Podcasts können genau wie Blogs in Form von Feeds abonniert werden, und werden dann komplett auf die Festplatte der User geladen. Neue Folgen (Episoden) werden nach Wunsch automatisch aktualisiert. Das Wort „Podcast" setzt sich aus der Markenbezeichnung „iPod" des amerikanischen IT-Technik-Produzenten Apple und dem englischen Wort „Broadcasting" (Sendung oder Übertragung) zusammen. Apple hat das Podcasting zwar nicht erfunden, jedoch spielte die Firma bei der Verbreitung der Technik eine wesentliche Rolle. Im Juni 2005 stellte der Hersteller eine erweiterte Version der populären Musik-Software iTunes vor, welche von da an über eine Funktion zur Verwaltung und zum Abonnement (Suche und Verzeichnis) von Podcasts verfügte.[202] Im Internet ist ebenfalls kostenfreie Software zu erhalten, die das Erstellen von eigenen Radio- und Videobeiträgen ähnlich einfach macht wie die Veröffentlichung in Textform auf einem Weblog.[203] Podcasting könnte den Gedanken des vollständig auf den Rezipienten zugeschnittenen Inhalts – Narrowcasting – möglich machen.

---

201 vgl. Alby 2007: 90.

202 vgl. Vza/c't 2005.

203 Eine Möglichkeit ist das Programm „Audacity", www.audacity.com.

3.1.4.2 YouTube

Hierbei handelt es sich um eine amerikanische Internet-Videoplattform. YouTube[204] wurde 2005 gegründet, im Oktober 2006 kaufte Branchenprimus Google das Unternehmen für 1,3 Milliarden US-Dollar. YouTube ist eine freie Internetseite, bei der registrierte Nutzer Videos einstellen können. Alle anderen Besucher der Seite können die Videos ansehen, bewerten, weiterempfehlen, auf dem eigenen Blog einbetten, per E-Mail versenden oder auf einer anderen Webseite darauf verlinken. Der Erfolg der Seite basiert auf der Komprimierung der hochgeladenen Videos als Flash-Videos. Trotz der starken Komprimierung bleiben Flash-Video-Dateien relativ groß. Daher sei an dieser Stelle nochmals verdeutlicht, wie wichtig hierfür (und auch für die Verbreitung von Podcasts) die Ausweitung der Übertragungskapazität und flächendeckende Versorgung mit DSL ist. Nutzer können sich eigene Kanäle zusammenstellen und so zum „Programmdirektor" werden. Lizenz- und Jugendschutzprobleme werden – selbstregulatorisch – in den Community-Guidelines thematisiert. Nachdem große amerikanische Medienunternehmen anfangs gegen Lizenzverstöße vorgingen, hat sich diese Angst mit dem zunehmenden Erfolg von YouTube ins Gegenteil verkehrt, die Medienhäuser versuchen nun selbst, Angebote auf YouTube zu platzieren – ebenso Werbefirmen, die eigens für YouTube produzierte Spots hochladen.[205] Im Sog von YouTubes Erfolg haben sich mittlerweile viele ähnliche Angebote entwickelt.[206]

3.1.4.3 Flickr

Bei Flickr[207] handelt es sich um eine Webseite, auf der Fotos ausgetauscht werden können. Das Prinzip ist das gleiche wie bei YouTube. Es wird eine Community aufgebaut. Der „gemeinsame Nenner" ist hier jedoch nicht das Interesse an Videos, sondern an Bildern. Diese können bearbeitet, getauscht und empfohlen werden. Flickr wurde bereits 2004 gegründet und dann vom Internetkonzern Yahoo! übernommen. Die Community zählt mehr als drei Millionen registrierte Nutzer. Wie bei YouTube und vielen weiteren Social-Software-Anwendungen steht auch hier eine kollaborative Verschlagwortungsfunktion zur Verfügung: Sie unterstützt das Klassifizieren von Informationen nach selbstgewählten Kategorien, sogenannten „tags"[208].

---

204 www.youtube.com.

205 vgl. Avram/Bosch/Otto/Selz 2007: 5f.

206 Siehe z. B. auch www.video.google.com, www.myvideo.de sowie www.sevenload.com.

207 www.flickr.com.

208 engl. für Etikett, Kennzeichen.

3.1.4.4 Facebook, Xing und Meetup

Diese drei Webseiten haben unterschiedliche Namen, aber alle als erklärtes Ziel die Herausbildung einer Community, einer Gemeinschaft. Die Grundlage ist nur jeweils eine andere.

Facebook[209] ist eine Internetplattform zur Bildung von sozialen Netzwerken. Sie wurde 2004 an der Harvard University gegründet. Die Plattform richtete sich anfangs an Schüler und Studenten, die an Bildungseinrichtungen in den USA eingeschrieben waren. Mittlerweile kann dort jeder ein Profil einrichten. Der Name leitet sich von den gleichnamigen Heften ab, die an US-amerikanischen Schulen an Neulinge verteilt werden. Seit 2006 kann man sich von jedem Ort der Welt bei Facebook anmelden. Registrierte Nutzer können ein Profil anlegen, Gruppen gründen und Nachrichten untereinander verschicken.

Xing[210] ist eine Plattform, in der Personen ihre geschäftlichen Kontakte zu anderen Menschen verwalten können. Es sind mehr als zwei Millionen Benutzer aus 200 Ländern dort registriert.[211] Kernfunktion ist die Visualisierung des Kontaktnetzes – man kann einsehen, mit welchen Personen man über eigene Kontakte ebenfalls in Kontakt weiterer Ordnung steht.

MeetUp (bereits unter 2.5.1 erwähnt) ist eine Plattform, bei der sich Menschen, welche die gleichen Interessen teilen, zu spontanen oder lange vorbereiteten Treffen verabreden können. Alleine im Juli 2007 gab es fast 65.000 Treffen, die mithilfe von MeetUp vereinbart wurden. MeetUp ist bislang hauptsächlich in Amerika und England populär.

3.1.4.5 MySpace

MySpace[212] wurde 2003 gestartet und ist in gewisser Weise ein Potpourri aus den bisher vorgestellten Diensten und Anwendungen. MySpace bietet eine Plattform zum Ablegen von Videos, Musikdateien, Blogeinträgen, Fotos etc. Kontakte und Gruppen können ebenfalls gegründet werden. MySpace ist zusammen mit YouTube und Wikipedia unter den zehn am meisten besuchten Webseiten im Internet. Medienunternehmer Rupert Murdoch kaufte die Seite für etwa eine halbe Milliarde Dollar und gliederte sie in sein Unternehmen News Corp ein. MySpace hat über 100 Millionen[213] registrierte Nutzer, täglich kommen im Schnitt über 200.000 dazu.[214]

---

209 www.facebook.com.

210 www.xing.com.

211 vgl. Meier 2007.

212 www.myspace.com.

213 vgl. Adest 2006.

214 vgl. http://en.wikipedia.org/wiki/Myspace (online abgerufen am 20.8.2007).

3.1.4.6 Second Life

Bei Second Life[215] (SL) geht es um die Erschaffung und Besiedlung eines virtuellen Planeten. SL hat nichts mit dem Community-Buildung à la Flickr & Co. zu tun, jedoch wurde es in den Medien stark gehypt und im Zusammenhang mit dem Web 2.0 genannt. Dieser Hype scheint nun jedoch genau so schnell wieder abzuflachen.[216] Der Planet in SL besteht aus einem Hauptland und unzähligen Inseln, die von Nutzern erworben werden können. Die (zumindest in der Basisversion) kostenlose Registrierung beinhaltet die Auswahl eines Avatars, einer Art Stellvertreter des Spielers in der virtuellen Welt. Dieser wird dann durch eine dreidimensionale Welt gelenkt. Es gibt in diesem „Zweiten Leben" all jenes zu kaufen, was auch in der realen Welt erhältlich ist. Unternehmen wie beispielsweise der deutsche Sportartikelhersteller adidas haben Läden eingerichtet, in denen die User ihren Avataren Konsumgüter kaufen können. Das Interessante daran: Die virtuelle Währung Linden-Dollar hat einen Wechselkurs zum echten US-Dollar. Nicht nur der Tausch von echtem in virtuelles Geld ist möglich, auch Linden-Dollar kann der Spieler sich in US-Dollar auszahlen lassen. Daher gibt es bereits Menschen wie Anshe Chung, die nach eigenen Angaben als Maklerin von virtuellen Grundstücken zu echtem Reichtum gekommen ist.[217] Laut Linden-Labs, dem Unternehmen hinter der Internetseite, waren im August 2007 annähernd neun Millionen „Einwohner" bei SL registriert.

3.1.4.7 Mashups

Der englische Begriff „Mashup" kommt eigentlich aus der dem Bereich der Kunst und bezeichnet die „Vermanschung" oder Vermischung verschiedener Werke zu einem neuen.[218]

Diese Entwicklung ist verstärkt bei Anwendungen aus dem Bereich der Social Software im Web 2.0 zu beobachten. Möglich wird dies durch sogenannte offene APIs (Application Programming Interfaces), durch welche Anwendungen Daten aus anderen Angeboten im Netz holen und verarbeiten können. So, wie bei Blogs neue Texte mit Bezug auf bestehende Texte entstehen, ist dies auch für Fotos, Karten etc. möglich. Ein Beispiel dafür ist Plazes.com.[219] Hier werden Daten von Google Maps mit eigenen Daten der Nutzer (etwa Veranstaltungstipps oder Bilder von Flickr) angereichert. Somit unterstützt diese Programmierschnittstelle wesentlich die „Remix-Kultur"[220] der Social Software.

---

215 www.secondlife.com.

216 vgl. Rötzer 2007 sowie Frickel 2007.

217 vgl. Pham 2007.

218 vgl. http://de.wikipedia.org/wiki/Mashup (online abgerufen am 21.8.2007).

219 www.plazes.com.

220 Alby 2007: 137.

Möglich wurden viele der oben genannten Beispiele nur aufgrund einer veränderten Webseitenarchitektur, die sich mittlerweile durchgesetzt und als technisch entscheidende Voraussetzung des Web 2.0 herausgestellt hat: *Ajax*. Ajax steht für Asynchronous JavaScript and XML und bedeutet im Wesentlichen, dass Internetseiten nicht mehr komplett von den Nutzern geladen werden müssen. Durch die Eingabe werden lediglich einige Bereiche verändert oder aktualisiert.[221]

Wo aber liegt der Mehrwert für die Gesamtheit der Nutzer des Internets am Web 2.0? Es ist unbestreitbar einfacher geworden, Inhalte jeglicher Art zu erstellen, zu veröffentlichen und zu vernetzen. Dies ist in erster Linie auf die technische Entwicklung von Software zurückzuführen, bei welcher der Nutzer und seine Vernetzung in einer Community im Vordergrund steht. Wie könnte die Gesellschaft gerade mit Blick auf eine erweiterte Beteiligung an der politischen Kommunikation davon profitieren?

3.2 Demokratietheoretisches Potenzial des Web 2.0

Das Potenzial des Internets als Mittel zur Stärkung demokratischer Prozesse wurde bereits in Kapitel 2 dieser Arbeit behandelt. Da das Web 2.0 natürlich genauso Teil des Internets ist, gelten diese Potenziale, aber eben auch die unter Punkt 2.4 behandelten Hindernisse und Grenzen ebenso für das Web 2.0. Es können jedoch erweiternd einige Anmerkungen zu verschiedenen Anwendungen gemacht werden. Leggewie postuliert optimistisch:

> „Drei neue Kommunikationsformen – Weblogs, Podcasting und Videojournalismus – revitalisieren Erwartungen, die bereits in den 1990er Jahren mit dem Internet und der dadurch gegebenen Möglichkeit einer breiten, direktdemokratischen Teilhabe verknüpft waren."[222]

Diese Revitalisierung sieht Bieber ebenfalls. Vor allem vor dem Hintergrund der Definition von Wikis, Blogs und Podcasts als „Veranstaltungsöffentlichkeiten"[223]. Im Web 2.0 begründen diese Anwendungen die digitale Entsprechung zur Urform der politischen Versammlung, die als

> „Zusammenkunft von mindestens drei Personen an einem bestimmten Ort zu einer bestimmten Zeit zu dem gemeinsamen Zweck, bestimmte Angelegenheiten zu erörtern, zu beraten, kundzugeben oder zu entscheiden"[224],

221 vgl. Alby 2007: 139ff.
222 Leggewie 2007: 42.
223 Bieber 2006: 60ff.
224 Nullmeier/Hurrelmann/Liebsch 2002: 548.

gilt. Weiterhin herrscht für Bieber auf Weblogs ein „gruppenbezogener Austausch“[225] von Meinungen vor. Den Vergleich von Weblogs mit Journalismus oder ihre Bezeichnung als „partizipativen Journalismus“ lehnt Bieber ab. Er beschreibt diesen Vergleich als wenig hilfreich, wenn es darum geht, das Potenzial von Weblogs zu erfassen – ein solcher Vergleich könne nur negativ ausfallen und verursache populistische Stellungnahmen wie die Bezeichnung von Weblogs als „Klowände des Internets“. Vielmehr erlaube ein Weblog – mehr als „normale Internetseiten“ – die „Entzerrung von Kommunikationsvorgängen und die Überbrückung einer räumlichen Trennung“[226]. Es könne somit ein Veranstaltungsort einer politikbezogenen Diskussion entstehen. In enger Verwandtschaft zu Blogs steht Podcasting. Hierbei gerate der Nutzer in die Lage, „in eigener Sendezeitregie und im privaten Schutzraum der Kopfhörer“ über Inhalte selbst zu bestimmen. Wesentlich erscheint mir hier ein Gedanke, der von Bieber nur kurz angerissen wird: Durch das Überspielen von Podcasts auf tragbare Abspielgeräte verlässt das Netz den Rechner.[227] Dies ist ein möglicher Schritt, die Wirkung von Online-Diskursen auch auf die „reale Welt“ zu übertragen.

Schmidt betont die Vorteile von Social Software im Umfeld der politischen Kommunikation anhand von drei Einsatzgebieten: als Werkzeug zum Informationsmanagement, Identitätsmanagement und Beziehungsmanagement.[228] Weblogs eignen sich neben der Repräsentation eines Politikers (Identitätsmanagement) auch für den Aufbau und die Formierung einer Gegenöffentlichkeit, da zahlreiche einzelne Publikationen dezentral vernetzt werden (alle drei Punkte). Außerdem beobachten sich klassische Massenmedien und Blogger permanent gegenseitig, was eine Durchlässigkeit der verschiedenen Themenöffentlichkeiten gewährleistet und damit zu mehr Diskurs führt.[229] Wikis und kollaborative Verschlagwortungssysteme können für den Autor eine große Rolle beim Verfassen gemeinsamer Texte spielen, dies kann für die Erstellung von Wahlprogrammen und zur Organisation von Treffen genutzt werden.[230]

Bieber und Schmidt betonen in ihren Texten die positiven Auswirkungen der Einbeziehung der Nutzer im Web 2.0. Bieber sieht dies vor allem im Rahmen von Erstellung und Verwaltung von Information:

> „Die Einbeziehung ‚einfacher Nutzer' – ob als Leser oder Schreiber, Hörer oder Sprecher, Bildseher oder -geber – in Prozesse der Produktion, Distribution und Organisation von Inhalten ist das zentrale Element einer neuen Generation von Medienanwendungen, die sich in die Form der Internet-Öffentlichkeit einzuschreiben beginnen.“[231]

---

225 Bieber 2006: 61.
226 ebd., a.a.O.
227 vgl. ebd.: 62f.
228 vgl. Schmidt 2006: 37.
229 vgl. Haas 2005.
230 vgl. Schmidt 2006: 42.
231 Bieber 2006: 63.

Schmidt sieht in den vernetzten Gemeinschaften der Web 2.0 Welt den Gegenbeweis zu der kulturkritischen Annahme, welche davon ausgeht, dass technisch vermittelte Interaktion lediglich zu flüchtigen und per se defizitären sozialen Beziehungen führe.[232] Vielmehr könnte sie je nach Kontext ihres Einsatzes die Grundlage für dauerhafte soziale Netzwerke sein, die komplexe innere Strukturen aufweisen.[233] Social Software unterstützt und verbessert „das Informations-, Identitäts- und Beziehungsmanagement in den (Teil-) Öffentlichkeiten hypertextueller und sozialer Netzwerke“[234]. Web-2.0-Pionier O'Reilly sieht im Nutzbarmachen kollektiver Intelligenz aller Internetnutzer eine große demokratische Chance, für ihn deutet dies einen langfristigen Trend an, bei dem alles miteinander verknüpft wird. Die Netzwerkeffekte rund das Web 2.0 sorgen für einen produktiven Kurzschluss von Individualinteressen und Gemeinwohl. Allein die Systemarchitektur bringt es mit sich, dass die Verfolgung eigensinniger Interessen der Nutzer automatisch Nebenprodukte von kollektivem Wert produziert:

> „In other words, these technologies demonstrate network effects, simply through the way that they have been designed. [...] These projects can be seen to have a natural architecture of participation.“[235]

Eine verstärkte Partizipation und damit mehr Demokratie war bereits in den jungen Jahren des Internets eine zentrale Hoffnung im Umfeld von Politik. Dieser Hoffnung scheint das Web 2.0 als weitere Ausbaustufe einer immer noch im Entstehen begriffenen interaktiven Medienumgebung Leben einhauchen zu können.

---

232 vgl. Schmidt 2006: 37.

233 vgl. Thiedeke 2003.

234 Schmidt 2006: 37.

235 O'Reilly 2005.

4 Politisches System, politische Kultur und Wahlkampfmuster in den USA und Frankreich

Um den gezielten Einsatz von Social Software im Bereich der politischen Wahlkampfkommunikation beurteilen zu können, bedarf es der Betrachtung der Grundlagen der jeweiligen Wahlkämpfe: dem Wahlsystem, den Mustern zurückliegender Wahlkämpfe und vor allem der politischen Kultur einer Demokratie.

Mit dem Begriff *politische Kultur* wird in der Politikwissenschaft der subjektive Faktor in der Politik bezeichnet.[236] Dies umfasst die grundlegenden politischen Wertorientierungen von Individuen, ihre politischen Einstellungen und Verhaltensprädispositionen, die ihr Verhältnis zur politischen Sphäre und zum politischen System bestimmen. Almond und Verba definieren politische Kultur wie folgt:

> „Die politische Kultur einer Nation ist die spezifische Verteilung von Orientierungsmustern gegenüber politischen Objekten unter den Angehörigen einer Nation."[237]

Die Autoren untersuchten in ihrem Werk „The Civic Culture" den Einfluss der Bürgerkultur (civic culture) auf die Stabilität der demokratischen Systeme in fünf Ländern. Die politische Kultur einer Nation ist als das Ergebnis einer gemeinsamen Geschichte aus Zusammenstößen und Konflikten zu verstehen, aber auch aus Zugeständnissen und Kompromissen zwischen den verschiedenen gesellschaftlichen Gruppen:

> „Diese gemeinsame Geschichte formt die kollektive Identität. Sie wiederum prägt die Verhaltensweisen und Wertvorstellungen der Individuen über die Sozialisation, sodass sie – ungeachtet politischer Meinungsunterschiede – in der Vorstellung über die beste Form des Zusammenlebens und der Regierung übereinstimmen."[238]

Politische Kultur ist Ausdruck geschichtlicher Traditionen, Ideologien und Mentalitäten, die sich durch die Beeinflussung von Politik und Wirtschaft sowohl sozialstrukturell als auch bei den kollektiven Akteuren gegenüber alten und neuen Problemen ausgebildet haben: „Die Individuen kommen und gehen: Rollen, Institutionen, Organisationen und Ideologien bleiben bestehen."[239] Neben den subjektiven Einstellungen sind demnach das nationale Wahlsystem und das politische System an sich von Bedeutung für die Kampagnenkommunikation. Im Wahlkampf treffen *subjektive* politische Realität

236 vgl. Schild/Uterwedde 2006: 22.

237 Almond/Verba 1963: 13.

238 Lagroye 1991: 368.

239 Schmidt 1999: 364.

und *konstruierte* politische Realität aufeinander.[240] Außerdem gehen politisches System und Wahlsystem Hand in Hand mit der Rolle der Parteien und der Kandidaten und bilden somit den Handlungsrahmen für die Kampagnen.

4.1 Frankreich

Im Laufe der Bearbeitungszeit dieser Arbeit endeten die Präsidentschaftswahlen 2007 in Frankreich. Im ersten Wahlgang am 22. April bekamen Nicolas Sarkozy, Kandidat der UMP (Union pour un Mouvement Populaire) und Ségolène Royal, Kandidatin der PS (Parti Socialiste), die meisten Stimmen. Keiner der beiden erlangte jedoch die absolute Mehrheit. Daher fanden am 6. Mai Stichwahlen statt, aus denen Sarkozy als Gewinner hervorging.[241]

4.1.1 Politisches System/Wahlsystem

Charakteristisch für das politische System Frankreichs ist die starke Stellung des Präsidenten in der Verfassung der V. Republik. Sie ist eine Reaktion auf die Entwicklungen des Parlamentarismus in der III. und IV. Republik und trat am 4. Oktober 1958 in Kraft. Dem Dogma der monarchischen Herrschaft setzten die Republikaner nach 1870 das Dogma der Parlamentssouveränität entgegen. Das Parlament allein sollte die Geschicke der Nation bestimmen. Die Verfassung der IV. Republik trat am 27. Oktober 1946 in Kraft. Die Regierung glich eher einem Ausschuss des Parlaments als einer Regierung und konnte mit einer einfachen Mehrheit gestürzt werden. Das Parlament war zersplittert und ohne homogene Mehrheit und Abstimmungsdisziplin. Mit dem Problem des Putsches in der französischen Kolonie Algerien konfrontiert, trat die Handlungsunfähigkeit der Regierung deutlich zutage. 1958 war es daher das Ziel von Staatsoberhaupt General Charles de Gaulle und seinem ersten Premierminister Michel Debré, Frankreich wieder regierbar zu machen. Dies konnte er durch eine Stärkung der Exekutive und eine Beschränkung der parlamentarischen Kompetenzen herbeiführen. Im Wesentlichen umfasst die Herausbildung des als „rationalisierten Parlamentarismus"[242] bezeichneten Systems die Stärkung der Exekutive durch zwei Komponenten: Erstens sollte die Regierung handlungsfähig gemacht werden, auch wenn sie keine Mehrheit im Parlament hatte; zweitens erhielt die Regierung in der Person des Staatspräsidenten außerparlamentarischen Rückhalt. Mit der Einführung der Direktwahl 1962 förderte de Gaulle die Legitimation und die Unterstützung seiner Nachfolger durch das Volk.

Der Präsident führt den Vorsitz im Ministerrat und verkündet die Gesetze. Er wird alle fünf Jahre direkt vom Volk gewählt, ist diesem allein Rechenschaft schuldig. Er besitzt außerdem weitreichende Kompetenzen, die keiner

---

240 vgl. Kaid/Sanders/Gerstlé 1991: 271.

241 vgl. De Boisseu 2007.

242 Schild/Uterwedde 2006: 91.

Gegenzeichnung seitens des Regierungschefs oder eines Ministers bedürfen. Darunter fallen unter anderem das Recht, die Nationalversammlung aufzulösen, er ist Oberbefehlshaber der Streitkräfte und er ernennt den Premierminister und kann diesen (faktisch) entlassen. Weiterhin kann er Referenden erlassen, der Vorschlag der Regierung oder des Parlaments ist „reine Formalie“[243]. Er kann außerdem Gesetzentwürfe zurück an das Parlament verweisen. Als Repräsentant Frankreichs hat er das Recht, Verhandlungen über internationale Verträge zu führen und diese zu ratifizieren.

Laut Verfassungstext bestimmt und leitet die Regierung die Politik der Nation, an deren Kopf befindet sich der Premierminister. „Obwohl der Staatspräsident in der Verfassung im Kapitel ‚Regierung' nirgends auftaucht, ist er Bestandteil der ‚doppelköpfigen' Exekutive.“[244] Der Normalfall der politischen Praxis in der V. Republik ist, dass Staatspräsident, Regierungschef und parlamentarische Mehrheit ein und demselben politischen Lager angehören, obwohl es sich bei Präsidentschafts- und Parlamentswahlen um zwei unterschiedliche Wahlgänge handelt. Der Sonderfall der „cohabitation“ (frz. für Zusammenleben) bezeichnet die Situation, wenn dies nicht der Fall ist. Dies war in der Geschichte der V. Republik zweimal der Fall.

Der Premierminister wird nicht gewählt, sondern vom Staatspräsidenten eingesetzt. Das Parlament besteht aus Nationalversammlung und Senat. Der Premier ist dem Parlament gegenüber verantwortlich, ihm kann auch von dieser Seite das Vertrauen entzogen werden. Auch die Mitglieder der Nationalversammlung werden nach dem absoluten Mehrheitswahlrecht in zwei Wahlgängen ermittelt. Erreicht einer der Kandidaten im ersten Wahlgang 50 Prozent der abgegebenen Stimmen, ist er gewählt. Erreicht keiner der Kandidierenden die erforderliche Mehrheit, findet eine Woche später ein zweiter Wahlgang statt, in dem die einfache (relative) Mehrheit reicht. Effizientestes Mittel in den Händen der Regierung ist die Verknüpfung einer Abstimmung mit der Vertrauensfrage. Damit kann der Premier seine eigene Mehrheit disziplinieren, um effizient regieren zu können.

Der Senat vertritt als zweite Kammer der Legislative die Gemeinden und Départements. Wie die Nationalversammlung kann der Senat Gesetzesvorschläge einbringen, Gesetzentwürfe der Regierung beraten und Abänderungsanträge eingeben. Werden sich beide Kammern nicht einig, kann der Premierminister das „letzte Wort“ von der Nationalversammlung verlangen. Bei Verfassungsänderungen hat der Senat jedoch ein Vetorecht.[245]

---

243 Vogel 2004: 38.

244 ebd., a.a.O.

245 vgl. Scholz 2004: 40.

4.1.2 Politische Kultur

Die politische Kultur Frankreichs wird an verschiedenen Stellen als sehr speziell angesehen und als *exception française*, „französische Ausnahme“, dargestellt. Ob dies heute jedoch in der Zeit der Globalisierung noch zutreffend sein kann, wird bezweifelt.[246]
Aus der Literatur[247] zur politischen Kultur Frankreichs gehen folgende Hauptmerkmale als vorherrschend hervor: Distanz und Misstrauen gegenüber dem Staat, eine fragmentierte Konfliktstruktur und hohe Konfliktintensität, fehlende Bindeglieder in der Kommunikation zwischen Individuum und Staat und eine starke Identifikation mit dem Symbol einer großen Nation.

Die Franzosen zeichnen sich durch eine misstrauisch-ablehnende Haltung gegenüber staatlichen Eingriffen aus – eine Einstellung, die durch die liberale Tradition im 19. Jahrhundert weiter gestärkt wurde und auch in heutigen Zeiten, wo umfassende staatliche Eingriffe in die Lebenswelten der Bürger an der Tagesordnung stehen, noch existiert. Oft werden staatliche Entscheidungen mit kurzfristigem, spontanem Protest quittiert. Der französische Politologe Maurice Duverger grenzt das französische vom angelsächsischen Politik- und Demokratieverständnis folgendermaßen ab: „Demokratie, das ist der Staatsbürger gegen die Staatsgewalt, und nicht der Staatsbürger als Teilhaber an der Staatsgewalt.“[248] Das zentrale Regieren von Paris aus und eine „mangelnde Selbstorganisations- und Selbstregulierungsfähigkeit der Zivilgesellschaft“ führen dazu, „dass viele Bürger dem (Zentral-) Staat die Verantwortung zur Lösung ihrer Probleme zuschreiben“[249]. Die vergleichsweise geringe Bedeutung kollektiver gesellschaftlicher Akteure wie Verbände, Gewerkschaften und Interessengruppen führe zu einer „Atomisierung der politischen Kultur“[250], die zur Folge habe, dass auch Themen in den politischen Raum geführt würden, die staatsfern hätten ausgehandelt werden können.

Bis heute gibt es in Frankreich eine große Fluktuation im Bereich der politischen Parteien. Dies spricht für eine große Meinungsvielfalt der Franzosen. Dies wird auch als Ausdruck eines „ausgeprägten Individualismus“[251] gesehen – eine Unfähigkeit, sich diszipliniert politischen Organisationen unterzuordnen.

Die zentrale Konfliktlinie der französischen politischen Kultur, welche die Grundeinstellungen der Bürger – und auch ihr Wahlverhalten – entscheidend beeinflusste, war stets die Spaltung zwischen der politischen Linken und Rechten.[252] Neben anderen Konflikten verlagerte sich dieser Grundkonflikt im 20. Jahrhundert auf die Auseinandersetzung zwischen der Arbeiterbewe-

246 vgl. Christadler 2005: 231ff.
247 vgl. Christadler 2005 sowie Schild/Uterwedde 2006.
248 Duverger, zitiert nach Schild/Uterwedde 2006: 23.
249 Schild/Uterwedde 2006: 23.
250 ebd., a.a.O.
251 Christadler 2005: 231.
252 vgl. Christadler 2005: 239f.

gung und dem Bürgertum.[253] Die Nicht-Beteiligung der französischen Linken an der Regierung zwischen 1958 und 1981 begünstigte eine weiterhin hitzige Diskussion entlang der bekannten Konfliktlinie, durch sechs Regierungswechsel zwischen 1981 und 2002 jedoch schwächte sich dies ein wenig ab. Grundsatzkonflikte in Frankreich waren die Außenpolitik (Entkolonisierungsfrage), Europapolitik und die Globalisierung. Heute fehlt eine einzelne, vorherrschende Konfliktachse, weswegen die Konfliktstruktur Frankreichs im internationalen Vergleich als „semiplural"[254] bezeichnet werden kann.

Konflikte werden noch stets mit einer Neigung zu direkten, nicht-institutionalisierten Formen der Auseinandersetzung ausgefochten. Hierbei ist der „abrupt ausbrechende, auf nationaler Ebene stark politisierte und teilweise mit militanten Mitteln ausgefochtene soziale Konflikt"[255] das vorherrschende Mittel.

Diese Form der Artikulation von Unzufriedenheit ist auch auf eine Schwäche der Vermittlungsinstanzen zwischen Bürger und Staat zurückzuführen:

> „Sie ist aufs engste [sic!] verbunden mit der historischen Entwicklung des zentralisierten französischen Nationalstaates einerseits und mit dem Parlaments- und Souveränitätsverständnis der politischen Eliten andererseits."[256]

Was alle Franzosen auch bei einem ausgeprägten Individualismus eint, ist der Glaube an die Nation Frankreich. Dieser Glaube wirkt identitätsstiftend.

> „[...] erst das Bekenntnis zur Republik macht einen Menschen zum Franzosen, und diese Republik lebt von einer historisch gewonnenen Identität, die sich ihren Strukturvorgaben entsprechend ständig verändert, ohne je ihren (unterstellten) Vorbildcharakter zu verlieren."[257]

An der Spitze dieser Republik muss daher auch ein starker Präsident stehen, der es schafft, die Franzosen unter der Idee der Nation trotz der hohen Meinungsvielfalt zu vereinen. General Charles de Gaulle, zehn Jahre lang erster Präsident der V. Republik und Anführer des französischen Widerstandes im Zweiten Weltkrieg, scheint für eine derart dominante Persönlichkeit ein Musterbeispiel zu sein.

---

253 vgl. Schild/Uterwedde 2006: 26.

254 Lijphart 1984: 43.

255 Schild/Uterwedde 2006: 30.

256 ebd., a.a.O.

257 Christadler 2005: 241.

4.1.3 Wahlkampf

Auch Frankreich unterliegt den Trends der modernen Wahlkämpfe, wie sie unter Punkt 1.5 dieser Arbeit bereits beschrieben wurden. Auch hier greift eine Modernisierung und Professionalisierung um sich, die in anderen westlichen Demokratien zu betrachten ist. Im Folgenden sollen diese Trends kurz in Zusammenhang mit länderspezifischen Gegebenheiten gebracht werden.

4.1.3.1 Mobilisierung

Da die Parteienlandschaft in Frankreich sehr fragmentiert ist, existiert eine hohe Zahl von Wahlmöglichkeiten, die den Wählern gegenüberstehen. Das Mehrheitswahlrecht bei der Präsidentschaftswahl führt jedoch dazu, dass sich die Wähler spätestens nach dem ersten Wahlgang zwischen den zwei Spitzenkandidaten des ersten Wahlgangs entscheiden müssen. Es gilt also, möglichst viele Wähler auch von anderen Parteien zur Stimmabgabe im zweiten Wahlgang zu überzeugen. Dies geschieht entlang der Konfliktachse links vs. rechts. Im 2007er Wahljahr schaffte es Sarkozy, sich gegen die linksgerichtete Parti Socialiste durchzusetzen, er bekam viele Stimmen aus der Mitte und dem rechten politischen Lager.

4.1.3.2 Personalisierung

Das Wahlsystem und die umfassenden Kompetenzen eines französischen Präsidenten führen dazu, dass die Präsidentschaftswahlen in Frankreich zum „Höhepunkt des politischen Lebens“[258] erhoben werden. Die hohe Popularität der Wahlen schlägt sich in einer im Vergleich zu anderen Wahlen höheren Wahlbeteiligung nieder.[259] Da die Wahlen zur Nationalversammlung kurz nach den Präsidentschaftswahlen stattfinden, bestätigt sich hier meist das Wahlverhalten aus der Präsidentschaftswahl.

4.1.3.3 Partizipation

Schild/Uterwedde gehen trotz der Neigung der Franzosen, ihrem Unmut in Form von Protesten Luft zu verschaffen, davon aus, dass sich aufgrund der ausgeprägten Zentralisierung Frankreichs keine besonders partizipative politische Kultur ausbilden konnte.

> „Die Bereitschaft der Bürger, sich aktiv am politischen Geschehen zu beteiligen, ist dort besonders hoch, wo starke lokale Selbstverwaltungskörperschaften Möglichkeiten der politischen Mitwirkung eröffnen [...].“[260]

---

[258] vgl. Bréchon 2002.

[259] vgl. Schild/Uterwede 2006: 73.

[260] Schild/Uterwedde 2006: 31.

Dies sei in Frankreich nicht gegeben, es artikuliere sich zwar Protest und Unzufriedenheit, direkte Teilhabe an politischen Entscheidungen sei jedoch nicht erwünscht. Nachdem auch in Frankreich die Wahlbeteiligung in den letzten Jahren zurückging und von einer „crise de la répresentation“[261] durch Politikverdrossenheit die Rede war, so erreichte die Wahlbeteiligung im Jahr 2007 mit fast 84 Prozent im ersten und 86 Prozent im zweiten Wahlgang den drittbesten Wert seit Bestehen der V. Republik.[262]

4.1.3.4 TV-gestützter Wahlkampf

Das Fernsehen spielt und spielte eine wichtige Rolle in den Wahlkämpfen der V. Republik. Das in Frankreich bestehende öffentlich-rechtliche Rundfunksystem stellt allen Kandidaten Sendezeit für Spots ab sechs Wochen vor dem ersten Wahlgang zur Verfügung. General de Gaulle wollte allen Kandidaten damit die gleiche Möglichkeit zur Präsentation ermöglichen:

> „La campagne sera marquée par le rôle de la télévision et l'apparition de la campagne électorale officielle à la télévision avec des règles précises définies par le général de Gaulle qui assurent le principe d'égalité entre les candidats.“[263]

Besondere Bedeutung wird in Frankreich den finalen Rededuellen der Kandidaten zugesprochen. Die *débat télévisé* zwischen Royal und Sarkozy, oder auch *face à face,* fand 2007 am 2. Mai statt, vier Tage vor der Stichwahl. Bieber sieht in der Ausführung des Duells einige Besonderheiten der politischen Kommunikation in Frankreich. Während in Amerika mehrere Journalisten das Gespräch leiten, nehmen sich die Pressevertreter in Frankreich traditionell zurück.

> „Es besteht kein Zweifel daran, dass die beiden Kandidaten den Ton angeben, sich häufig direkt adressieren und Fragen stellen – die Politik allein bestimmt den Gang der Debatte.“[264]

Die Kandidaten um das höchste Amt messen sich in einer rhetorischen Auseinandersetzung, die Journalisten sprechen die wichtigsten Themenblöcke an und leiten von einem zum nächsten.[265]

---

261 Hoff/von Alemann 2002: 108.

262 vgl. http://de.wikipedia.org/wiki/Franz%C3%B6sische_Pr%C3%A4sidentschaftswahl_2007 (online abgerufen am 1.9.2007).

263 Couve 2006.

264 Bieber 2007.

265 vgl. ebd.

4.1.3.5 Ökonomisierung

Nach unterschiedlichen Skandalen im Zusammenhang mit der Wahlkampffinanzierung 1988 wurde die Finanzierung mit zwei Gesetzen reguliert. Ab 1995 begrenzte man die Ausgaben für jeden Bewerber auf 13,7 Millionen Euro, die der Kandidaten aus dem zweiten Wahlgang auf 18,3 Millionen Euro. Diese Summe wird im Rahmen der Inflationsrate regelmäßig angepasst. Jeder Kandidat erhält eine Kostenerstattung in Höhe von fünf Prozent der Ausgabenhöchstgrenze. Bekommt ein Kandidat mehr als fünf Prozent der abgegebenen Stimmen, erhöht sich diese Summe auf 50 Prozent der Höchstgrenze.[266] Es besteht ein Spendenlimit von 4.600 Euro, die Spendernamen müssen aufgezeichnet werden. Zuwendungen von Unternehmen sind seit 1995 verboten. Überwacht werden die Abrechnungen vom Verfassungsrat. Außerdem stehen den Kandidaten neben der TV-Zeit kostenfreie Postwurfsendungen an alle Haushalte sowie einige Plakatanschläge und Radiosendezeiten zu. Privat finanzierte Werbung in den öffentlichen und privaten Medien, auch Anzeigen oder Telefonanrufe sind seit 1990 drei Monate vor der Wahl verboten. Meinungsumfragen sind eine Woche vor dem Wahlgang untersagt, um eine Beeinflussung der Wähler auszuschließen. Die Wahlkampfkosten spielen eine deutlich geringere Rolle als in den USA, sind jedoch auch hier nicht zu unterschätzen.

4.2 USA

In Amerika hat der Präsidentschaftswahlkampf für die Wahl Ende 2008 bereits Anfang 2007 begonnen. Als Hillary Clinton Ende Januar ihre Kandidatur per Flash-Video auf ihrer Website verkündete, wurde deutlich, welchen Stellenwert das Internet für den Wahlkampf in Amerika hat und welch große Erwartungen an Web 2.0-Anwendungen seitens der Kampagnenmacher existieren. „I am not just starting a campaign [...]. I am beginning a conversation. With You. [...] We all need to be part of the discussion."[267] Dieses Statement gepaart mit dem Präsentationsweg greift gezielt den partizipativen Charakter von Social Software auf. Auch in Amerika kommt dem Präsidenten im politischen Geschehen eine machtvolle Sonderstellung zu, die ihn in das Zentrum der Kampagne rückt.

---

266 vgl. ProDialog 2007: 6.

267 Clinton 2007a.

4.2.1 Politisches System/Wahlsystem

Auch wenn das politische System Amerikas maßgeblich durch die Einwanderer des 18. und 19. Jahrhunderts geprägt wurde, so ist es keine Verlängerung Europas über den Atlantik. Die Vereinigten Staaten von Amerika sind eine präsidiale Demokratie mit einem Präsidenten an der Spitze der Exekutive, der über weitreichende Kompetenzen verfügt. Eine klare Gewaltenteilung zwischen Exekutive, Legislative und Judikative gewährleistet jedoch ein System der *checks and balances*, in dem durch wechselseitige Machtausbalancierung und Machtkontrolle sichergestellt wird, dass der Präsident keine Allmacht für seine Entscheidungen besitzt. Das Vorurteil, ein amerikanischer Präsident treffe vollkommen ungebunden und frei Entscheidungen, zeugt von einer mangelnden Kenntnis des politischen Systems der USA. Der Präsident ist nicht nur Chef der Exekutive, sondern zugleich Staatspräsident, er vertritt die Nation also nach außen und innen.[268]

Die zwei Kammern des Kongresses bilden die Legislative. Die erste Kammer ist das Repräsentantenhaus mit 435 vom Volk auf zwei Jahre gewählten Vertretern und 100 Senatoren, die auf sechs Jahre gewählt werden – jeweils ein Drittel alle zwei Jahre neu. Die Judikative wird vom obersten Verfassungsgericht dargestellt, welches die verfassungsrechtliche Kontrolle gewährleistet, die Richter werden auf Lebenszeit mit Zustimmung des Senats ernannt.

Anders als Legislative und Judikative kann der US-Präsident direkt und bundesweit in Wirtschaft und Gesellschaft eingreifen. Er ist in Friedens- und Kriegszeiten der oberste Befehlshaber der Streitkräfte und gilt als der oberste Diplomat seines Landes, ihm allein stehen das Recht und die Pflicht zu, Verträge zu verhandeln und abzuschließen. An der Gesetzgebung ist der Präsident ebenfalls beteiligt. Die Verfassung erlaubt es ihm, gegen Gesetzentwürfe ein bindendes Veto auszusprechen. Über die Mitglieder im Kongress kann er Gesetzentwürfe auf den Weg bringen. Gerade in Krisenzeiten wie den Terroranschlägen vom 11. September kann er als „personifiziertes Symbol der Nation"[269] den Kongress dazu bringen, innerhalb weniger Tage Gesetzesvorlagen durchsetzen, die sonst Monate gebraucht hätten. Dennoch ist die Macht des Präsidenten auch mit einer gewissen Ohnmacht verbunden: „Die politische Verantwortung verteilt sich auf viele Institutionen und präsentiert sich so unübersichtlich wie in fast keinem anderen Land."[270]

---

268 vgl. Lösche 2004a: 7 ff.

269 Lösche 2004b: 15.

270 Lösche 2004b: 18.

4.2.2 „Rally Round the Flag"[271] – politische Kultur der USA

Seit den Anschlägen vom 11. September 2001 sind die USA ein anderes Land geworden. Traumatisiert von den Attacken führen sie einen Krieg gegen den Terror, demonstrieren einen starken Patriotismus und geben sich als aggressive Supermacht. Amerika scheint von einer „neokonservativen Clique" um Präsident George W. Bush regiert zu werden, die sich auf einen erwachenden religiösen Fundamentalismus stützt und die amerikanische Mission in der Welt, wenn notwendig, gewaltsam durchzusetzen versucht. Aber:

> „In Krisen und Kriegszeiten scharten sich US-Amerikaner schon immer um ihren Präsidenten, erhielt die Exekutive eine besondere Vertrauensprämie, [...] schon immer waren die USA ein zutiefst religiöses Land, von ihrer besonderen Aufgabe in der Welt nachhaltig überzeugt, die öffentliche Sprache bediente sich stets biblischer Topoi."[272]

Vorländer macht die „Zivilreligion" als zentrales Kennzeichen der politischen Kultur Amerikas aus. Kontinuierlich tauchen in der öffentlichen politischen Rhetorik transzendente Motive und Bilder auf, die nationale Existenz ist in den Begriffen einer religiösen Symbolwelt zu begreifen. Dies wird deutlich in den von ihm untersuchten „inaugural adresses", den Antrittsreden der gewählten Präsidenten. So sagte Bill Clinton zum Beginn seiner zweiten Präsidentschaft: „Guided by the ancient vision of a promised land, let us set our sights upon a land of new promise."[273]

Aufgrund der starken ethnischen, sozialen und kulturellen Heterogenität des amerikanischen Volkes wird das Bekenntnis zu zentralen Glaubenssätzen zum Fundament für eine Gesellschaft, die um ihren Zusammenhalt fürchtet, die nationale Einheit stets aufs Neue beweisen muss und diese Einheit etwaigen Bedrohungen aus dem In- und Ausland entgegensetzt. Der Präsident steht stellvertretend für das Volk und den Staat und damit an der Spitze der Verteidigung auch des „Amerikanischen Traums".

Weiterhin haben Beobachter immer wieder festgestellt, dass in der breiten Bevölkerung Wertvorstellungen dominieren, die als klassisch-liberal bezeichnet werden können.[274] Besonderheiten sind die Wertschätzung des Kapitalismus, des Unternehmertums und der individuellen Leistungsethik. Jedoch verkennt die These der liberalen politischen Kultur die bereits angesprochene Diversität und gesellschaftliche Fragmentierung der Gesellschaft, die zu deutlichen Differenzierungen in den Einstellungen der Bevölkerungsgruppen zum politischen System und einzelnen Politikfeldern führen.[275] Die starke gesellschaftliche Fragmentierung kollidiert in zunehmendem Maße mit dem

---

271 Vorländer 2004: 288.
272 ebd., a.a.O.
273 Clinton, W. J. 1997.
274 vgl. Vorländer 1997: 27ff.
275 vgl. Vorländer 2004: 300.

Gleichheitsgedanken: „Freedom and Liberty“[276] scheinen nicht mehr für alle im gleichen Maße erreichbar. Dennoch dominiert das Selbstbild des „willensstarke[n] Einzelne[n], der hartnäckig seinen persönlichen Traum verfolgt“[277]. Die verschiedenen ethnischen und sozialen Schichten eint der Glaube an den sozialen Aufstieg durch individuelle Leistungsbereitschaft und harte Arbeit. Diese mythologische *equality of opportunity* führt zu der Meinung, dass Armut selbst verschuldet sei. Eine Folge dieser Bewertung ist auch die Ablehnung von Wohlfahrt- und Sozialprogrammen, auch von Seiten der Armen selbst. Außerdem existiert – anders als in Frankreich – nicht eine entsprechende Protestkultur unter den sozial schwächer gestellten Menschen. Hoinle bezeichnet dies als das „Schweigen der Ausgegrenzten“[278], da sich diese Gruppe wenig in der politischen Kommunikation beteiligt und über keine Lobby in der Diskussion verfügt. Die Wahlbeteiligung ist außerdem in dieser Gruppe sehr gering.

4.2.3 Wahlkampf

Eine Besonderheit im Wahlkampf ist neben dem semi-direkten System der Präsidentenwahl über Wahlmänner die Praxis der Vorwahlen der einzelnen Parteien, in denen der Präsidentschaftskandidat bestimmt wird. Der Gewinner wird dann auf den National Conventions der Parteien im Sommer des Wahljahres als offizieller Starter im Rennen um das Präsidentenamt bestätigt. In dieser Arbeit werden die Internetseiten der beiden bislang aussichtsreichsten Kandidaten der Demokraten während des Vorwahlkampfes untersucht, Barack Obama und Hillary Clinton. Der Wahlkampf beginnt traditionell sehr früh:

> „In einer Zeit des Permanent Campaigning, d. h. der untrennbaren Verschmelzung von Regierungsarbeit und Wahlkampfführung, lässt sich der Beginn des Präsidentschaftswahlkampfes nicht kalendarisch terminisieren.“[279]

Damit weisen Filzmaier und Plasser darauf hin, dass in Amerika unmittelbar nach dem letzten Wahltag die strategischen Überlegungen für folgende Kandidaturen beginnen. Es kann jedoch davon ausgegangen werden, dass sich die Kampagnen 18 Monate bis zwei Jahre vor der nächsten Wahl konkretisieren.[280] Spätestens seit der Erklärung von Hillary Clinton Ende Januar 2007 gilt der Wahlkampf in Amerika als eröffnet.[281]

In Amerika kämpfen die Kandidaten also öffentlich um ihre Nominierung. Diese Vorwahlen (primaries) beginnen im Januar 2008 mit dem sogenannten

---

276 Vorländer 2004: 304.
277 Hampden-Turner/Trompenaars 1993: 48.
278 Hoinle 1979: 74.
279 Filzmaier/Plasser 2001: 13.
280 vgl. Kaid/Sanders/Gerstlé 1991: 277.
281 vgl. Healy/Zeleny 2007.

Caucus im Bundesstaat Iowa bzw. mit der Vorwahl im Februar in New Hampshire. Beim Caucus kommen die Anhänger einer Partei zusammen und beraten an öffentlichen Orten, welcher Aspirant unterstützt werden soll. Bei einer geschlossenen Vorwahl (closed primary) können alle Bürger, die sich als Anhänger einer Partei haben registrieren lassen, abstimmen. Eine offene Vorwahl (open primary) ermöglicht hingegen allen Wahlberechtigten, also theoretisch auch denen der Gegenpartei, die Teilnahme an der Entscheidung.[282]

Nachdem die Kandidaten für die Parteien feststehen, wird in jedem Bundesstaat gewählt. Formal indirekt, da die Wahlberechtigten bei den *general elections* ihre Stimme den Wahlmännern geben. Dieses *Electoral College* wählt dann den Präsidenten. Das besondere ist hierbei, dass es sich um das *Winner-takes-it-all-Prinzip* handelt: Alle Wahlmännerstimmen werden dem Kandidaten gegeben, der die (relative) Mehrheit der Stimmen erreicht hat.

4.2.3.1 Ökonomisierung

Durch die immense Kostenentwicklung in den amerikanischen Wahlkämpfen kommt der Generierung von Unterstützung in Form von Geldspenden bereits im frühen Stadium einer Kampagne eine hohe Bedeutung zu. Daher hat sich in den letzten Auseinandersetzungen eine komplexe Maschinerie herausgebildet, mit dem einzigen Ziel, möglichst viele Unterstützer um sich zu versammeln. Ziel der Unterstützung ist hierbei nicht die Partizipation in politischen Belangen, sondern der Einsatz der Unterstützer als Spendensammler. Die Wahlkampfbehörde FEC (Federal Election Commission) geht davon aus, dass die Wahl 2008 mit Ausgaben in Höhe von etwa einer Milliarde US-Dollar der beiden Hauptkandidaten die wohl teuerste aller Zeiten in der Geschichte der USA sein wird.[283]

Für die *primaries* im Frühjahr sind die Kandidaten vollends auf die Einwerbung von Spenden angewiesen. Erst bei den *general elections* können die Kandidaten öffentliche Gelder zur Unterstützung bekommen. Wird diese Hilfe jedoch nicht in Anspruch genommen, fällt auch die Ausgabenbegrenzung weg. Daher verzichteten die Kandidaten zunehmend auf dieses Geld.[284] In den 70er-Jahren wurden verstärkt Political Action Committees (PACs) gebildet, da direkte Zahlungen von Wahlkampfgeldern an Kandidaten durch Aktiengesellschaften oder Gewerkschaften verboten sind. Diese Kollektive gelten als PACs, wenn sie mindestens 50 freiwillige Spender verzeichnen und ihr Geld an mindestens fünf Kandidaten verteilen. Jede Spende über 10 US-Dollar muss der FEC gemeldet werden, bei jeder Spende über 200 US-Dollar ist der Spender zu verzeichnen. Es wird unterschieden zwischen *hard* und *soft money*. Letzteres unterliegt nicht den beschriebenen Regeln der FEC und kann

[282] vgl. Lösche 2004b: 26.
[283] vgl. Overby 2007.
[284] vgl. Hübner 2003: 91ff.

direkt an Parteien gespendet werden. Theoretisch darf dieses Geld zwar nicht für den Wahlkampf eingesetzt werden, sondern gilt der Stärkung der Parteiorganisation. Jedoch haben die Parteien „ausreichend Phantasie entwickelt, um diese Gelder wahlkampfbegleitend einzusetzen“[285].

4.2.3.2 Personalisierung

Amerikanische Wahlkämpfe sind parteidistant und kandidatenzentriert.

> „Presidential campaigns in the United States are candidate-centered rather than party-centered, in part because money is channeled mainly through candidates rather than parties.“[286]

Also ist neben der dominanten Rolle des Präsidenten in der politischen Kultur und seiner Machtfülle die Spendenpraxis der Wahlkämpfe ein weiterer Grund für die Erklärung des Personalisierungstrends in den amerikanischen Präsidentschaftswahlkämpfen. Weiterer Grund für die Fixierung auf wenige Personen ist die fortschreitende Anpassung der Politik an die Darstellungslogik der Medien, nach der die Personalisierung eine höhere Dramatisierung ermöglicht. Weiterhin sind in Amerika Mitgliedschaften in Parteien wie beispielsweise in Deutschland nicht üblich.

4.2.3.3 TV – gestützter Wahlkampf

70 Prozent der Amerikaner bezeichnen Fernsehnachrichten als ihre primäre Informationsquelle.[287] Im Mittelpunkt stehen aufwendig produzierte TV-Spots.[288] 60 bis 70 Prozent des gesamten Wahlbudgets wird für den Kauf von Werbezeiten ausgegeben. Das private Rundfunksystem in Amerika gewährt den Kandidaten keine kostenlosen Sendezeiten. Da im amerikanischen Fernsehen eine Vielzahl lokaler Sender besteht (Networks), können die Spots den lokalen Bedürfnissen des Publikums angepasst werden.

4.2.3.4 Beschleunigung

Meinungsumfragen (opinion polls) spielen eine wichtige Rolle in Amerika. Permanent wird analysiert, wer in welchem Staat wie viele Stimmen auf sich vereinen würde, aber auch, wie die Wähler die persönlichen Werte und Einstellungen der Kandidaten einschätzen. Ebenso werden permanent die erreichten Spendensummen verglichen. Umfragen finden ihren Einzug in die Kampagnenplanung, die Planer versuchen gezielt, einzelne Kritikpunkte und Themen zu einer Verbesserung der Umfrageergebnisse zu nutzen (issue

---

285 Hübner 2003: 96.

286 vgl. Kaid/Sanders/Gerstlé 1991: 273.

287 vgl. Plasser 2003: 255.

288 vgl. West 2001 sowie Kaid 1998.

management). Oft stehen die Umfragen im Mittelpunkt der Medienberichterstattung, auch wenn keine inhaltlichen Neuerungen zu vermelden sind. „Horse-race-Journalism“[289] sticht Themenberichterstattung weitgehend aus.

4.2.3.5 Mobilisierung

Der Mobilisierung kommt in den USA eine ganz besondere Rolle zu. Da die Wahlkampffinanzierung in stark auf Spenden fußt, gilt es, die Bürger zum Spenden zu motivieren. Die schwache Bindung der Bürger an Parteiorganisationen erschwert den Kandidaten den Zugang zur Wählerschaft.

Die Wahlbeteiligung lag im Durchschnitt in den Jahren von 1996-2004 bei etwas über 50 Prozent, auch hier kann das Ausschöpfen vorhandener Potenziale entscheidend sein.[290] Dies musste Al Gore 2000 erfahren, als er aufgrund weniger Hundert Stimmen den Staat Florida verlor und damit auch alle Stimmen der Wahlmänner des Staates. Diese Stimmen machten George W. Bush zum 43. Präsident der Vereinigten Staaten.

4.2.3.6 Negative Campaigning

Negative Campaigning hat in den USA Tradition. Es beschreibt den Versuch einer Kampagne, gezielt persönliche und politische Fehler des Gegners herauszustellen. „Die harte persönliche Auseinandersetzung mit dem politischen Gegner ist elementarer Bestandteil des amerikanischen Politikverständnisses [...].“[291] So soll der amerikanische Präsident Harry Truman einmal auf die Frage nach seiner Wahlkampfmaxime geantwortet haben: „Harry, give them hell!“[292]

Negative Campaigning entspricht der Erwartungshaltung eines politischen Publikums, welches den politischen Betrieb und sein Personal selbst mit einer gewissen Geringschätzigkeit und Skepsis betrachtet. Da die Kampagnen wie beschrieben sehr auf die Person des Kandidaten zugeschnitten sind, liegt hier auch eine wichtige Angriffsfläche.[293]

Die Wahlkämpfe um das Präsidentenamt Frankreichs und Amerikas haben somit einige Gemeinsamkeiten, aber auch deutliche Unterschiede. In beiden Staaten besetzt der Präsident eine gewichtige Rolle in der Regierung des Landes und genießt ein hohes Ansehen. Die Wahlen gelten als Höhepunkt des politischen Lebens. Die Kampagnen sind durch und durch mediatisiert und professionalisiert. Während in Frankreich die Wahlkampffinanzierung noch eine Nebenrolle in den Kampagnen einnimmt, steht sie in Amerika im Zentrum der Kampagnen.

---

289 Gerstlé/Davis/Duhamel 1991: 142.

290 vgl. http://www.fec.gov/pages/htmlto5.htm (online abgerufen am 3.9.2007).

291 Kaltenthaler 2000: 9.

292 vgl. Kaltenthaler 2000: 9.

293 vgl. Kaltenthaler 2000: 27ff.

5 Einsatz der Web-2.0-Techniken in der Praxis

Nachdem nun die strukturellen und kulturellen politischen Gegebenheiten Frankreichs und Amerikas in Bezug zu den Wahlen gebracht wurden, stehen im Folgenden die Webauftritte der ausgewählten Kandidaten im Mittelpunkt der Betrachtung sowie die Resonanz, die von ihnen erzielt werden konnte.

5.1 Methodisches Vorgehen

Die Webseiten der Politiker werden unter verschiedenen Aspekten systematisch beobachtet. Die Methode der klassischen Inhaltsanalyse, die sich mit der „systematischen Erhebung und Auswertung von Texten, Bildern und Filmen“[294] befasst, wird aufgrund der im zweiten Schritt der Beobachtung erforderlichen Einbeziehung der Vernetzung von verschiedenen Angeboten als nicht geeignet angesehen. Die hier genutzte Methode orientiert sich an der Methode der Autopsie. Sie ist „eine Methode, die – im Gegensatz zur klassischen Inhaltsanalyse – nicht Textmengen analysiert, sondern die Struktur von Webangeboten“[295]. Angelehnt an Frühs Beschreibung der Inhaltsanalyse[296] betont Roth die zwei wichtigsten Merkmale der Methode:

> „Im Gegensatz zur Inhaltsanalyse stehen im Zenit der Methode der Autopsie nicht inhaltliche und formale Merkmale von einzelnen Mitteilungen, sondern die Angebotsstruktur von Webseiten.“[297]

Die hier angewandte Methode ist deskriptiv. Dies ist nur dann sinnvoll, wenn der Beschreibung eine Interpretation erfolgt. Durch die Beschreibung der Struktur ist zu erwarten, dass sich die damit verfolgten Konzepte hinter den Angeboten offenbaren.

Um zu allgemeingültigen Aussagen über die Web-2.0-Strategien der Kampagnen zu kommen, muss zuerst geklärt werden, ob die Zugehörigkeit der Seiten zum Web 2.0 gegeben ist. Dies geschieht über zwei wesentliche Merkmale von solchen Seiten. Erstens ist hiermit der Aufbau und die Struktur einer Internetpräsenz, zusammengefasst unter dem Begriff „Design“, gemeint. Im zweiten Schritt gilt es, zu untersuchen, ob und wie stark die Seiten auf andere Angebote des Web 2.0 verweisen. Dies ist wichtig, da Verlinkungen und die Schaffung einer „Internetgemeinschaft“ als Grundpfeiler der Web 2.0 Bewegung anzusehen sind. Die Merkmale Design und Verlinkung wurden gewählt, da sie auch nach der Einsichtnahme der Internetseiten von Dritten zu intersubjektiven und reproduzierbaren Ergebnissen in der Strukturbeschreibung

---

294 Diekmann 1998: 481.
295 Roth 2005: 60.
296 vgl. Früh 2001: 25.
297 Roth 2005: 61.

der Seiten führen. Damit handelt es sich um eine Beobachtung, die sich klar an nachvollziehbaren Strukturmerkmalen orientiert:

> „Durch die Einhaltung von systematischen Beobachtungsvorschriften [...] unterscheidet sich die wissenschaftliche Beobachtung von der alltäglichen Beobachtung und liefert kontrollierbare und nachvollziehbare Ergebnisse."[298]

Eine klassische empirische Inhaltsanalyse bietet sich hierfür nicht an, da viele multimediale Elemente nicht durch diese erfassbar sind. Gerade das Web 2.0 bedient sich vieler technischer Elemente, die (noch) nicht von empirischen Untersuchungsprogrammen zu evaluieren sind. Auch würde das klassische Untersuchen von allen Mitteilungen auf den Internetseiten den Rahmen dieser Arbeit in Bezug auf die begrenzte Bearbeitungszeit sprengen.

Nach der Betrachtung der einzelnen Webseiten steht das Herausarbeiten des Resonanzraums, den die Kampagnen erschließen konnten. Dieser Raum wird dargestellt durch den Vergleich der einzelnen Mitgliederzahlen in jeweiligen Unterstützergruppen, aber auch durch die Präsenz der einzelnen Kandidaten auf Internetseiten, die zum Web 2.0 zählen. Dafür werden verschiedene Beispiele herangezogen. Hierbei gilt es mit Blick auf das Ziel dieser Arbeit herauszufinden, inwieweit die Aktivitäten der Kampagnen sich dabei an den bestehenden Trends der Wahlkampfkommunikation und der politischen Kultur in den jeweiligen Ländern orientieren bzw. inwieweit diese Trends fortgeschrieben, verändert oder gar revolutioniert werden.

5.2 Analyse der Internetseiten der Kandidaten

Im Folgenden sollen die Webkampagnen der einzelnen Politiker dargestellt werden.[299] Hierbei stehen zuerst Aufbau und Design der Seite im Mittelpunkt, ebenso die direkte Verlinkung zu Seiten, die dem Bereich der Social Software zugeordnet werden können. Abschließend gilt es zu beurteilen, inwieweit die Kampagnen von den eigenen Internetseiten in die „Netzgemeinde" diffundiert sind.

---

298 Luzar 2003: 107f.

299 Die Webseiten wurden alle mit dem Internetbrowser Safari (Version 2.0.4) abgerufen. Bei der verwendeten Hardware handelt es sich um ein 13,3 Zoll Apple MacBook mit einer Prozessorleistung (Intel Core 2 Duo) von 1,83 GHz, mit einem Arbeitsspeicher von 1,25 Gigabyte. Die Internetverbindung wurde per DSL-Modem (DSL 6000) über das Leitungsnetz der Telekom in Bremen hergestellt. Die Bildschirmauflösung lag bei 1200x800 Bildpunkten.

5.2.1 Barack Obama

Die Webpräsenz von Barack Obama[300] zeigt im Vergleich zu allen anderen untersuchten Seiten die meisten direkten Verlinkungen zu Anwendungen, die unter die Bezeichnung Web 2.0 fallen. Beim allerersten Besuch der Homepage öffnet sich eine Willkommensseite, auf der abwechselnd einzelne Bilder zu sehen sind und dem Besucher die Möglichkeit gegeben wird, sich sofort per E-Mail als Unterstützer registrieren zu lassen, oder zu der eigentlichen Internetseite weiterzuklicken (Abb. 1).

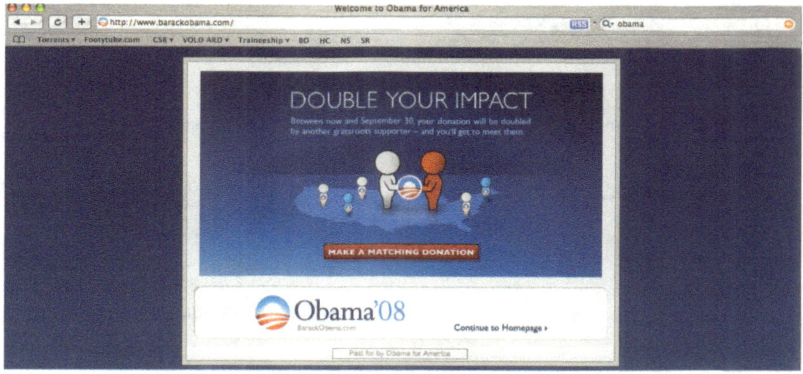

(Abb. 1: Homepage Obama, am 20. September 2007)

Am 20. September 2007 startete Obama den Aufruf „Double your Impact" (Abb. 1). Jetzt konnte der Nutzer entweder direkt zur Spendenseite gehen oder zu der Hauptseite weiterklicken. Das Besondere an diesem Aufruf ist, dass nun auch die Spendenpraxis dem Community-Building-Charakter des Web 2.0 angeglichen wurde: Der Spender sucht sich einen Betrag aus, den er bei einem Erstspender „treffen" möchte. Potenzielle Erstspender werden nun eingeladen, eben diesen Betrag zu spenden. Tun sie dies, löst der erste Spender sein „Versprechen" ein und spendet den gleichen Betrag. So soll die Wirkung der eigenen Spendenabsicht verdoppelt werden.[301]

Wurde die Begrüßungsseite einmal übersprungen, wird auf dem Computer ein so genanntes „Cookie" abgespeichert, welches bei einem weiteren Aufrufen der Domain die Willkommensseite unterdrückt und direkt die Hauptseite darstellt. Im unteren Bereich der Hauptseite sind die Links zu den externen Webseiten von *facebook*, *myspace*, *YouTube*, *flickr*, und *LinkedIn* eingebunden (Abb. 2).

300 www.barackobama.com.

301 vgl. Obama 2007a.

(Abb. 2: Homepage Obama, am 19. September 2007)

Außerdem findet sich an dieser Stelle ein Link zu *partybuilder*, einem Social-Software-Tool, mit dem Mitglieder der Demokratischen Partei sich organisieren können.[302] Ziele sind hierbei Spendengenerierung, die Schaffung von Netzwerken unter Demokraten und das Organisieren von Parteitreffen, gemeinsamen Petitionen, Briefen etc. Ein Link führt zu *register-to-vote*. Es kann ein Formular ausgefüllt werden (welches dann per Post an die öffentlichen Stellen weitergeleitet werden muss), damit man für die Wahl registriert ist.[303] Bei *LinkedIn* handelt es sich um ein reines Kontaktnetzwerk, vergleichbar mit Xing (vgl. Punkt 3.1.4.4).

Auf *facebook* gelangt man direkt zum Profil von Barack Obama, kann seinen Lebenslauf, Hobbys und private Interessen verfolgen sowie Mitglied in einer von 16 Gruppen werden und sich unter die 144.662 „supporter" mischen.[304]

Bei *myspace* sind ebenfalls persönliche Informationen abrufbar, der Fokus liegt jedoch auf Fotos und Videos der Kampagne sowie Weblog-Einträgen von Obamas Team und Kommentaren von „Freunden", die sich mit Obama vernetzt haben. Der Grundstein dieser mittlerweile offiziellen Webpräsenz des Senators von Illinois wurde 2004 von Joe Anthony gelegt. Er baute das Netzwerk in freiwilliger, unentgeltlicher Arbeit auf. Nach und nach arbeitete er mit

---

302 vgl. http://www.democrats.org/page/content/partybuilder/ (online abgerufen am 19.9.2007).

303 Diese Registrierung ist in Amerika notwendig, um wählen zu können.

304 vgl. Obama 2007b.

der Kampagnenführung zusammen, bis die Planer um Obama die komplette Kontrolle wollten. Anthony lehnte ab, die myspace-Administratoren schrieben die Domain „myspace.com/barackobama“ jedoch Obama zu. Anthony durfte die 160.000 Kontakte aber behalten.[305] Ende September 2007 hatte Obama hier jedoch wieder mehr als 176.000 Kontakte.[306]

Auf der *flickr*-Seite Obamas finden sich Fotos, sortiert nach Bundesstaaten, und verschiedene Alben, sortiert nach Treffen seiner Unterstützer und Veranstaltungen, auf denen er gesprochen hat. Auch hier gibt es ebenso kurze Informationen zu seiner Person: Hobbys, Interessen und seine Motivation für die Kandidatur.[307]

Die *YouTube*-Präsenz, *barackTV*, ist eine Art Fernsehkanal mit Videos der Kampagne. Hier finden sich sowohl professionelle politische Werbespots als auch sehr viele Videos, in denen Unterstützer aus dem Wahlkampfteam zur Sprache kommen und ihre Motivation beschreiben.

Das Design von barackobama.com kommt im typischen Web-2.0-Gewand daher: Die Seite ist zentriert, sogar vertikal passt sie fast komplett auf den Bildschirm.[308] Der Header zeigt mit dezenter Flagge und dem Symbol „Obama 08“, um was es auf der Seite geht. Darunter befindet sich die horizontale Navigationsleiste. Die einzelnen Elemente sind abgerundet, die Farbgebung klar, die Farben der amerikanischen Flagge überwiegen. Am linken oberen Bildrand befindet sich mehrmals in der Woche ein neues Flash-Video einer Wahlkampfveranstaltung oder Rede, oft auch Grafik-Animationen. Weitere Web-2.0-Elemente sind die über einen rss-feed zu beziehenden Nachrichtenmeldungen mit Bezug zu Obama und die neuesten Einträge des Kampagnenblogs. Außerdem gibt es einen Link zum Flash-Video-Portal[309] der Seite, dort werden auch verschiedene Audio- und Videopodcasts angeboten.

Das Besondere an Obamas Startseite ist jedoch der Link zum *Action Center* am rechten unteren Bildrand. Hier gelangt man nach einer Registrierung zur persönlichen Startseite auf My.BarackObama.com (Abb. 3).[310]

---

305 vgl. Seelye/Wheaton 2007.

306 vgl. www.myspace.com/barackobama (online abgerufen am 20.9.2007).

307 vgl. www.flickr.com/people/barackobamadotcom/ (online abgerufen am 20.9.2007).

308 bei den meisten gängigen Bildschirmauflösungen.

309 vgl. http://origin.barackobama.com/tv/ (online abgerufen am 21.9.2007).

310 vgl. www.my.barackobama.com/page/dashboard/private (online abgerufen am 21.9.2007).

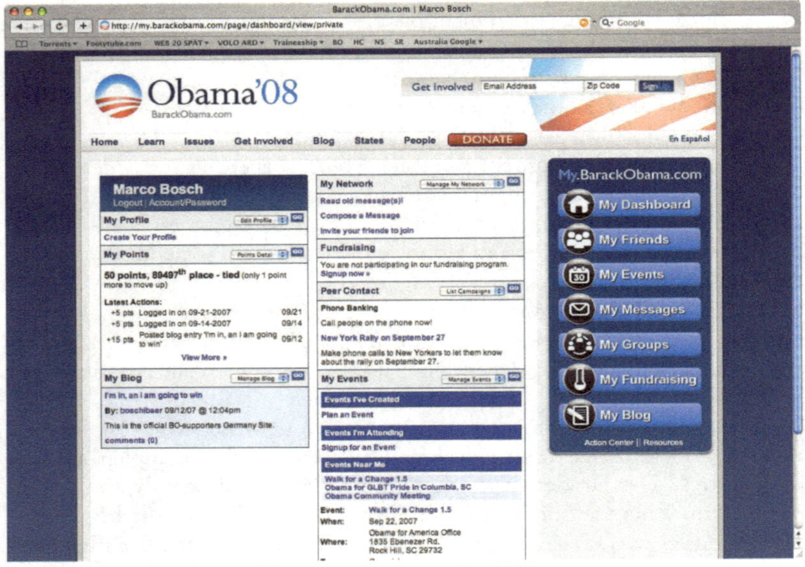

(Abb. 3: Action Center von Obama, am 21. September 2007)

Dieses Action Center bietet dem User alle Möglichkeiten, die auch bekannte Web-2.0-Plattformen wie z. B. *myspace* bieten. Es können ein Blog geführt, Events koordiniert, Netzwerke geschaffen und Nachrichten ausgetauscht werden. Im Zentrum steht allerdings das Fundraising: „Your own personal fundraising page will put the financial future of this campaign in your hands."[311] Den eingeloggten Mitgliedern wird so die Möglichkeit gegeben, ihre eigenen Mikrokampagnen im Design der Hauptkampagne zu organisieren.

5.2.2 Hillary Clinton

Die offizielle Webpräsenz zum Vorwahlkampf der Demokraten von Hillary Clinton[312] nähert sich in puncto Design ebenfalls dem Ideal der *simplicity* an, jedoch ist sie deutlich beladener mit verschiedenen Inhalten als die Seite von Obama. Auch hier befindet sich die Navigation unter dem klar abgegrenzten Header, einzelne Spalten strukturieren den Inhalt der Seite jeweils nach neuesten Blogeinträgen, FlashVideos und kommenden Veranstaltungen (Abb. 4).

---

311 Obama 2007c.

312 www.hillaryclinton.com.

(Abb. 4: Homepage Hillary Clinton, am 24. September 2007)

Die verwendeten Farben und Icons entsprechen den aktuellen Designtrends im Web 2.0, auch wenn diese, verglichen mit Obama, weniger konsequent umgesetzt werden. Der Zugang zur Homepage geschieht ebenfalls über eine Willkommensseite, welche die gleichen Funktionen wie die von Obama aufweist.

Am unteren Bildrand der Hauptseite befinden sich Links zu Hillary Clintons Profilen bei *myspace*,[313] *facebook*,[314] *youtube*,[315] *eons* (ein Netzwerk für Menschen, die über 50 Jahre alt sind)[316] und *flickr*.[317] Die dort dargestellten Inhalte

313 www.myspace.com/hillaryclinton (online abgerufen am 21.9.2007).

314 www.facebook.com/person.php?id=2290827757 (online abgerufen am 21.9.2007).

315 www.youtube.com/hillaryclinton (online abgerufen am 24.9.2007).

316 www.community.eons.com/members/profile/hillaryclinton (online abgerufen am 21.9.2007).

ähneln denen bei Obamas Social-Software-Auftritten, jedoch wirken die Angaben zur Person etwas weniger persönlich und eher distanziert. Laut Branchendienst *techPresident* hat Clinton bei *facebook*, *flickr* und *myspace* weniger registrierte Unterstützer bzw. Freunde als Obama, deutlich jedoch liegt sie lediglich bei der Anzahl der bei *youtube* angesehenen Videos hinter ihm.[318]

Auch Clinton hat ein Action Center eingerichtet. Über das Center heißt es zwar auf der Startseite „8 things you can do", aber das Action Center kommt im komplett gleichen Design wie die Hauptseiten daher, der Eindruck einer eigenen persönlichen Seite stellt sich daher weniger ein (Abb 5).

(Abb. 5: Das Action Center auf der Homepage von Hillary Clinton, am 25. September 2007)

Die Blog-Funktion und die persönliche Verwaltungsseite sind sowohl grafisch wie auch technisch auf dem Niveau von gewöhnlichen Content-Management-Systemen. Außerdem werden den Nutzern weniger Möglichkeiten gegeben, sich mit der Hilfe von Schnittstellen zu externen Web-2.0-Anwendungen zu vernetzen. Bei Obama sind nicht nur alle Beiträge als rss-feed abonnierbar, auch werden direkte Links zu Lesezeichen- und Rechercheverzeichnissen wie *digg.com*, *del.icio.us*, *newsvine* und *stumble* angeboten.[319]

5.2.3 Nicolas Sarkozy

317 www.flickr.com/photos/hillaryclinton (online abgerufen am 23.9.2007).

318 vgl. www.techpresident.com (online abgerufen am 24.9.2007).

319 vgl. www.my.barackobama.com/page/content/actioncenter/ (online abgerufen am 25.9.2007).

Die Webseite[320] des französischen Kandidaten der UMP arbeitet optisch stark mit Elementen des Web 2.0. Die Seite ist zentriert angelegt, bei der Farbgebung dominieren Blau (in verschiedenen Abstufungen) und Weiß sowie Grau. Auch hier findet sich unter dem Header eine waagerechte Navigationsleiste (Abb. 6). Mit dieser kann der Besucher dann zum Videokanal weiterklicken, sich über die Person Sarkozy und sein politisches Programm, seine Ziele und Unterstützer informieren. Sarkozy beantwortet auch Fragen, die ihm interessierte Bürger per Video gestellt haben.[321]

(Abb. 6: Homepage Nicolas Sarkozy, am 26. September 2007)

Videos dominieren das Erscheinungsbild der Webseite von Sarkozy. „NS TV"[322] sammelt alle Videobeiträge, sie sind in 17 verschiedene Kanäle kategorisiert. Hier finden sich auch die sogenannten „décryptages" – Videos, die gezielt auf Reden von Royal eingehen und vermeintliche Fehler und Ungenauigkeiten aufdecken. Auf direkte Links zu weiteren Webseiten aus dem Bereich des Web 2.0 wird verzichtet. Jedoch können auf einer Karte von Google Maps Orte, an denen sich Unterstützer treffen, oder Wahllokale gesucht werden.[323] Die Webseite informiert wie alle anderen über das gesamte Programm des Kandidaten, Lebenslauf etc. In der „Sarkothèque"[324] können die

320 www.sarkozy.fr.

321 vgl. www.sarkozy.fr/debate/index.php?lang=fr (online abgerufen am 25.9.2007).

322 vgl. www.sarkozy.fr/video (online abgerufen am 1.5.2007).

323 vgl. www.francaisdeletranger.sarkozy.fr (online abgerufen am 11. August 2007).

324 vgl. www.sarkotheque.com/home/index.php (online abgerufen am 1. Juni 2007).

Nutzer Wahlkampfflyer, Poster, aber auch digitale Werbebanner herunterladen. Auch die Seite von Sarkozy verfügte bis zum Wahltag über eine Willkommensseite, bei der man sich direkt als Unterstützer registrieren lassen konnte. Auffällig ist jedoch die starke Konzentration auf Internetvideos.

5.2.4 Ségolène Royal

Die Kandidatin Royal ging bei der Begrüßungsseite noch einen Schritt weiter: Man konnte wählen, ob man zur eigentlichen Seite wollte, Royal direkt unterstützen wollte oder aber lediglich einen Art Diashow mit kurzen Kommentaren zur Person sehen wollte.

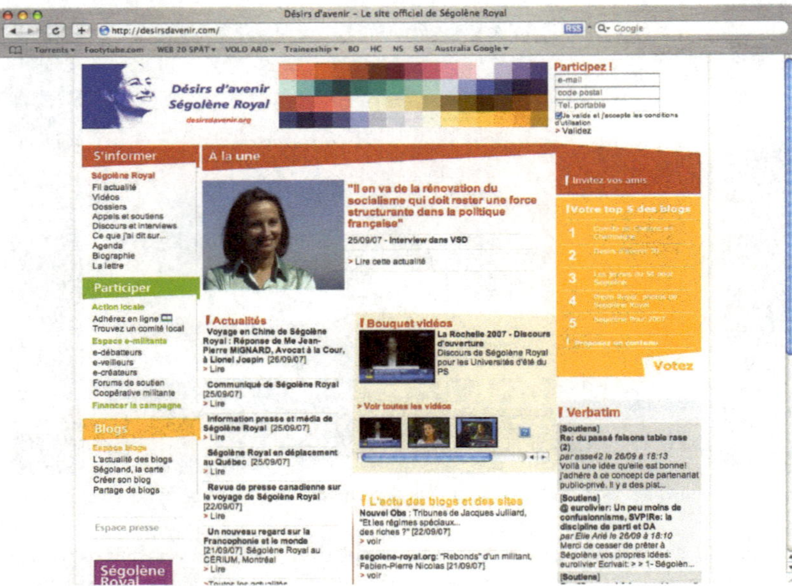

(Abb. 7: Homepage Ségolène Royal, am 27. September 2007)

Die eigentliche Webseite Royals[325] ist klar in vier Teilbereiche strukturiert: Der Mittelteil besteht aus Links zu aktuellen Ankündigungen, einer kurzen Übersicht der aktuellsten Videos und neuesten Einträge auf Blogs mit thematischem Bezug zur Wahl. Die Navigation befindet sich klassisch auf der linken Seite, gegliedert in die Bereiche „Blogs", „Participer", und „S' informer". Die Farbgebung ist deutlich bunter ausgefallen als bei den anderen verglichenen Webseiten, aber dennoch klar. Prominent auf der Seite platziert sind die

[325] www.desirsdavenir.org.

aktuellen Top 5 der am besten bewerteten Blogs von Royal-Unterstützern (Abb. 7).

Auf der Startseite von Royal finden sich keine direkten Verlinkungen zu externen Angeboten aus dem Web 2.0. Dennoch spielte es eine große Rolle in der Kampagne der Sozialistin. Sie schuf einen „Espace e-millitants", einen Platz für Aktivisten, die die Kampagne im Internet unterstützen sollten. Nach einer Registrierung können die Nutzer bestimmte Aufgaben übernehmen: das Überwachen von Foren und Melden von Verstößen, oder aber das Einbringen der eigenen Kreativität; als Blogger, Grafiker etc.[326]

Unter „Blogs" wird den Wählern ausführlich erklärt, was ein Blog ist und warum es sich lohnt, ein Blog zu führen.[327] Außerdem finden sich Links zu Anbietern, bei denen ein Blog aufgesetzt werden kann.[328] Basierend auf der Open-Source-Software „Pligg" werden den Nutzern Kampagnenmaterialien zur Verfügung gestellt: Internetvideos, Reden, Artikel, Analysen, Bilder und Banner.[329] Diese können dann auch bewertet und kommentiert werden. Royal stimmte ihre Angebote zielgruppengenau ab, sie schuf Seiten extra für Jung- und Erstwähler.

5.3 Die amerikanischen Kampagnen im Web 2.0

Die Kampagnen der amerikanischen Politiker sind stark darauf ausgelegt, die einzelnen Wähler untereinander zu vernetzen. Dies geschieht über die bereits beschriebene starke Einbindung von Social-Software-Tools auf den Kampagnenwebseiten. Der Erfolg scheint den Politikern hier Recht zu geben. Im dritten Quartal 2007 sammelte Clinton etwa 27 Millionen, Obama 19 Millionen US-Dollar. Insgesamt haben beide Kandidaten zusammen somit insgesamt etwa 135 Millionen US-Dollar gesammelt.[330] Damit bringt die groß angelegte Vernetzung von Spendern offensichtlich den erhofften Erfolg: Ein Großteil der Beträge waren Klein- und Onlinespenden.

Die Personalisierung des Wahlkampfes findet sich im Umgang mit Internetvideos wieder, die auf *YouTube* platziert werden. Hillary Clinton kündigte ihre Kandidatur in einem solchen Video an.[331] Die Bedeutung von Fernsehduellen ist nach wie vor hoch: *YouTube* und der amerikanische Nachrichtensender CNN organisierten am 23. Juli 2007 eine gemeinsame Debatte: die „CNN-YouTube-Debates"[332]. Bürger konnten per Video eine Frage an die demokratischen Präsidentschaftskandidaten formulieren. Die Kandidaten antworteten in einer Show auf dem Sender CNN auf 38 Fragen. Die Auswahl

326 vgl. www.emilitants.desirsdavenir.org (online abgerufen am 27.9.2007).

327 vgl. http://blogs.desirsdavenir.org/partageliens.php (online abgerufen am 27.9.2007).

328 vgl. www.desirsdavenir.org/index.php?c=blogs_guide#soutien (online abgerufen am 27.9.2007).

329 vgl. http://blogs.desirsdavenir.org/index.php (online abgerufen am 27.9.2007).

330 vgl. Healy 2007.

331 vgl. Clinton 2007a.

332 vgl. www.youtube.com/democraticdebate (online abgerufen am 1.10.2007).

aus den 3.000 eingesandten Beiträgen übernahmen Fernsehjournalisten. Für *YouTube* ist dies ein Teil des Angebots zu den Wahlen, „YouChoose"[333] das andere. Hier können die Kandidaten Videos zu bestimmten Themenkomplexen einstellen, *YouTube*-Nutzer ebenfalls. Jeder kann diese Videos ansehen und kommentieren (Abb. 8).

(Abb. 8: „YouChoose" auf *YouTube*, am 1. Oktober 2007)

Auch *facebook*, *flickr* und *myspace* haben Sonderseiten eingerichtet, die helfen sollen, Beiträge zum Thema Wahlen zu strukturieren. *MySpace* ging ebenfalls eine Allianz mit einem Fernsehsender ein. Zusammen mit dem Musikkanal MTV wird „Presidential Dialogues" produziert. Hier können ebenfalls Fragen per Video gestellt werden, jedoch immer nur an einen Kandidaten pro Sendung. Erweitert wird das Konzept jedoch dadurch, dass *MySpace*-Mitglieder den Kandidaten live Fragen über ein Chatprogramm stellen können.[334] Damit versuchen hier sowohl Kandidaten, als auch die Internetfirmen, sich Sendezeit im herkömmlichen Fernsehen zu sichern.

Für eine neue Qualität im Bereich Negative Campaigning sorgte ein Spot mit dem Titel „Vote Different"[335]. Das bei *YouTube* eingestellte Video ist ein veränderter Werbespot der Firma Apple aus dem Jahr 1984. Dieser thematisierte die Monopolstellung von Konkurrent IBM, indem er diese Machtstellung mit dem Diktator „Big Brother" aus George Orwells „Nineteen Eighty-

333 vgl. www.youtube.com/youchoose (online abgerufen am 1.10.2007).

334 vgl. www.myspace.com/election2008 (online abgerufen am 1.10.2007).

335 vgl. De Vellis 2007.

Four" gleichsetzte. Eine junge Frau kommt in den Raum gestürmt, in dem die entmündigten Zuhörer über eine überdimensionale Videoleinwand mit einer „Hatespeech"[336] beschallt werden – in dieser Version mit dem Konterfei und den Wahlkampfparolen von Hillary Clinton – und zerstört diese Leinwand. Der Spot endet mit der Einblendung der Internetadresse von Obama. Der Clip wurde mehr als 3,5 Millionen Mal angeschaut, ein Vielfaches von allen anderen Videos aus dem Kontext des Wahlkampfes. Offiziell hat der Autor den Beitrag in seiner Freizeit aus rein privaten Motiven gefertigt, jedoch steht mittlerweile fest, dass er Mitarbeiter einer Beratungsfirma ist, die auch für Obamas Kampagne arbeitet.[337] Hier wird auch die Beschleunigung des Wahlkampfes auf eine neue Stufe gestellt: Die Kandidaten können von verschiedensten Seiten angefeindet werden. Je nach Reaktion des Publikums muss auch auf solche Internetvideos von vermeintlich nicht direkt beteiligten Wahlkämpfern entsprechend reagiert werden. Blog-Experte Chris Cillizza von der Washington Post sagte dazu: „Der Wahlkampf verändert sich derart schnell, dass niemand ein Konzept dafür hat."[338] Im Web 2.0 wird die Gefahr für die Kampagnenmacher deutlich erhöht, die Kontrolle zu verlieren:

> „Sie sind nicht länger in der Lage, allein zu entscheiden, über welche Themen sie wie und wann reden. Es gibt zu viele Leute, die alles Mögliche auf eigene Faust veröffentlichen können."[339]

Die Chance für die Kampagnemacher liegt jedoch darin, Inszenierungen kostengünstig zu platzieren und als Möglichkeit zur Teilhabe zu tarnen. Hillary Clinton startete einen Aufruf auf *YouTube*, einen selbstgemachten Kampagnensong einzusenden.[340] Auch wenn es viele ironische und negative Videos gab, so erlangte das Wahlkampfteam eine hohe Aufmerksamkeit. Ein weiteres Video mit Clinton als Moderatorin stellte die einzelnen Beiträge vor. Die Kandidatin konnte sich somit als humorig und souverän darstellen. Den Gedanken, dass hier über den Umweg von Social Software politische PR betrieben wird, greift Witte auf und erweitert ihn: „Die web-basierte Kommunikation entwickelt sich gleichsam zur neuen Symbolform."[341] Damit kann über einen Großteil der Aktivitäten der amerikanischen Politiker im Web 2.0 geurteilt werden: „Partizipation wird [...] gleichzeitig praktiziert und zum Symbol degradiert."[342]

---

336 vgl. Orwell 1944: 9ff.
337 vgl. Schmiester 2007.
338 Cillizza im Interview mit Schmiester 2007.
339 ebd.
340 vgl. Clinton 2007b.
341 Witte 2008: 6.
342 ebd., a.a.O.

5.4 Wirkung der französischen Web-2.0-Kampagnen

Zwei Gründe sprechen für die Ausweitung der Internetkampagnen in Frankreich: der stark regulierte Wahlkampf, der es den Parteien nicht erlaubt, zusätzliche Angebote in den konventionellen Medien zu schaffen, und die begrenzte Wahlkampfperiode. Im Internet konnte der Wahlkampf früher beginnen. Laut einer Studie des IFOP-Instituts blieben aber TV mit 42 Prozent, Presse (33 Prozent) und Radio (32 Prozent) die wichtigsten Quellen für politische Information. Das Internet kam auf 21 Prozent.[343]

Die Internetseiten der Kandidaten bildeten eine Plattform zur Information und Vernetzung. Hier stand die Mobilisierung im Mittelpunkt. Sarkozy erreichte durch eine frühzeitig gestartete Unterstützerseite fast 270.000 „supporter", diese bildeten 2.884 Aktionsgruppen, welche Treffen organisierten und Veranstaltungen durchführten.[344] Sarkozy bekam außerdem Unterstützung von den „Cybermilitants" der UMP. Auf einer eigenen Plattform konnten Wahlkampfmaterialien geladen werden. In einer Mischung aus Blog, Werbung und Berichterstattung lud er auch dazu ein, an inhaltlichen Diskussionen teilzunehmen.[345] Royal wiederum rief den „pacte présidentiel" ins Leben: In Anlehnung an Francois Mitterands „110 Ankündigungen" aus dem Wahlkampf von 1981 sollte ihr Wahlprogramm ein „Vertrag mit Rechten und Pflichten für jeden Bürger" sein. Dieses Programm fußte auf über 6.000 realen „partizipativen Debatten" mit der Bevölkerung und 135.000 Beiträgen, die ihr die Bürger über das Internet zugesandt hatten.[346]

Im Kontext der Wahlen ist die Zahl der Blogs mit politischem Inhalt in Frankreich stark gestiegen. Die Blogsuchmaschine[347] von *Google* zählte im Juli mehr als 40.000 Blogs mit dem Suchwort „présidentielles". Auf Blogopole.fr werden Blogs aufgeführt, die sich klar einzelnen Parteien zugeordnet haben. Am Wahltag führte unter den 2.042 Blogs die PS mit 547 Blogs vor der UMP (315).[348] Die Vernetzungseffekte der Blogs untereinander standen im Mittelpunkt der Berichterstattung der klassischen Medien. Diese Vernetzung wurde bewusst in den Vordergrund gestellt. Sarkozy berief den erfolgreichsten französischen Blogger und Unternehmer Loic Le Meur als Internetexperten in sein Team und folgte auch hier dem Pfad der Professionalisierung der Wahlkämpfe durch externe Berater. Mit der Verlinkung zu Le Meurs Blogs erreichte Sarkozy bei der Suchmaschine *Google* bessere Ergebnisse und konnte außerdem von der Reputation Le Meurs in der französischen Blogosphäre profitieren. Erklärtes Ziel war, bestimmte Themen zu verstärken und damit auch in den etablierten Medien Geltung zu finden.[349]

---

343 vgl. Cann/Dabi 2006: 11.

344 vgl. www.supportersdesarkozy.com/home (online abgerufen am 27.9.2006).

345 vgl. www.cybermilitant.com (online abgerufen am 7. Mai 2007).

346 vgl. Royal 2007: 1ff.

347 www.blogsearch.google.de.

348 www.blogosphere.fr.

349 vgl. Le Meur 2007.

Die Unterstützer Royals fanden sich im „Segoland“ wieder: einer Karte, die alle Unterstützerblogs mit geografischem Ursprung und die Vernetzung unter eben diesen darstellte (Abb. 9).[350]

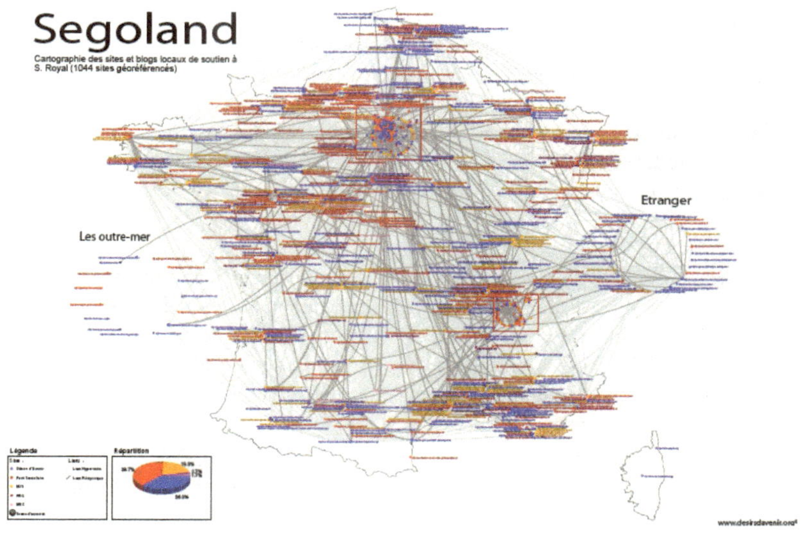

(Abb. 9: Grafische Darstellung der Vernetzung unter Royal-Anhängern)

Die Technische Universität Compiègne erfasste in einem Projekt zur Wahl, wie oft Politiker in Internetmeldungen, Blogeinträgen sowie Newsgroup-Nachrichten erwähnt wurden und stellte die Ergebnisse grafisch dar.[351] Sie stießen auf eine Clusterbildung von gleichgesinnten Blogs, es wurden oft die gleichen Inhalte wiedergegeben, dialogorientierte Konversation stand im Hintergrund. Berichte über den Fortschritt der Vernetzung ähnelten somit den Berichten über Meinungsumfragen im Vorfeld einer Wahl.

Die große Bedeutung von audiovisuellen Medien im französischen Wahlkampf und die Beschleunigung, die eine Kampagne im Internet erfährt, unterstrich die Reaktion von Sarkozy auf die geringere Präsenz seiner Person auf Videoplattformen wie *dailymotion* und *youtube*. Er stellte ein fünfminütiges Video mit dem Titel „Die menschliche Bombe“ ein. Es zeigte Sarkozy 1993, als er sich bei einer Geiselnahme in einer Schule aus Austauschgeisel zur Verfügung stellte.[352] Damit gelang es Sarkozy trotz der Fernsehrestriktionen, in Nachrichtenshows präsent zu sein. Das Video ist auch als Antwort auf die „diabolisation“ Sarkozys von Seiten der PS zu verstehen. Für das Negative Campaigning bot das Internet viele Möglichkeiten: Neben den Anti-Sarkozy-

---

350 vgl. www.desirsdavenir.org/pdf/segoland.pdf (online abgerufen am 28.9.2007).

351 vgl. www.observatoire-presidentielle.fr/?pageid=2 (online abgerufen am 27.9.2007).

352 vgl. Sarkozy 2007.

Seiten[353] gab sogar ein interaktives Spiel, bei dem Kopfnüsse gegen den Politiker verteilt werden konnten.

Eigentlich gedacht für die „spielerische" Erschließung neuer Wähler, entwickelten sich auch die Vertretungen der Kandidaten im Onlinespiel *Second Life* schnell zu Orten, an denen Nutzer versuchten, die virtuellen Parteizentralen zu verwüsten und zu blockieren.[354] Diskurse und Inhalt standen im Hintergrund, die Politiker beschenkten die Besucher lediglich mit virtuellen T-Shirts.

Sarkozy nutzte geschickt die Möglichkeit, bestimmte Suchwörter bei *Google* zu kaufen. Jeder, der das Wort „Banlieu"[355] eingab, fand bei den gesponserten Suchergebnissen am rechten Bildrand einen Link zur Internetpräsenz von Sarkozy.[356]

Die Kampagnen der französischen und amerikanischen Kandidaten verdeutlichen, dass die Trends der Wahlkampfkommunikation auch im Web 2.0 Bestand haben. Mobilisierung ist das Ziel, der Kandidat steht im Mittelpunkt der Kampagnen. Der professionalisierte Wettkampf um die Aufmerksamkeit der Internetnutzer führt zu einer starken Beschleunigung und hohen Aktualität der Angebote. Die starke Fokussierung auf visuelle Angebote entspricht den Sehgewohnheiten der Wähler. Dort wo es geht, sollen die Internetvideos durch beispielsweise bewusste Übertreibungen aber auch ihren Weg in die etablierten Medien finden.

Die Zunahme an politischen Blogs während des Wahlkampfes zeigt, dass bei den Franzosen auch über den Protest hinaus ein Wille zur Partizipation vorhanden ist. Hier kann – optimistisch formuliert – das Web 2.0 das fehlende Bindeglied zwischen Staat und Volk sein. Dies muss jedoch im politischen Prozess erprobt werden.

---

353 vgl. www.sarkostique.over-blog.com, www.mjscentre.free.fr sowie www.royalcoupdeboule.com.

354 vgl. Geelhaar 2007.

355 franz. für *Vorstadt.* Hier entluden sich in Paris Ende 2005 soziale Spannungen in Straßenschlachten.

356 vgl. Wagner 2005.

Fazit

Nachdem sich das Internet als Medium zur Wahlkampfführung bereits etabliert hat, zeigen die untersuchten Aktivitäten der amerikanischen und französischen Politiker im Jahr 2007, dass auch die neuen Angebote des Web 2.0 in die Kampagnen eingebunden werden. Es wird sogar deutlich, dass diesen neuen Technologien ein großer Stellenwert innerhalb der Kampagne zugewiesen wird. Bereits beim Design der Webseiten ist zu erkennen, dass auch hier Experten am Werk sind, die versuchen, die Anforderungen an Web-2.0-Seiten seitens der User professionell umzusetzen. Mit durchdachten Aktionen wird in beiden Ländern die direkte Kommunikation zwischen Kandidat und Wähler ohne den Umweg über die klassischen Medien intensiviert. Es wird versucht, bestehende Wahlkampfmuster im Rahmen der permanenten Modernisierung auch auf das Web 2.0 zu übertragen. Von einer Revolution der Wahlkämpfe kann in diesem Zusammenhang nicht gesprochen werden.

Social Software und die starke Verlinkung innerhalb der Web-2.0-Gemeinde bieten reizvolle Kanäle, um die Botschaften der Kampagnen zielgruppengenau zuzustellen. Außerdem signalisiert der Einsatz von *flickr*, *YouTube* und Co. den Wählern gegenüber Aufgeschlossenheit für neue Technologien. Der Einsatz von Social Software ist vor allem unter einem Aspekt positiv zu beurteilen: Menschen kommen – wenn auch zuerst nur indirekt – mit politischen Themen in Kontakt. Jedoch muss an dieser Stelle erwähnt werden, dass auch hier die bestehenden Unterschiede bei der Internetnutzung verschiedener sozialer Schichten weiterhin eine Rolle spielen: Auch der Web-2.0-Nutzer ist zumeist jung, männlich und gut gebildet. Daher bleiben Social-Software-Anwendungen vorerst mehr Mittel zur Elitenkommunikation als Kommunikationswerkzeuge für die Mobilisierung von Menschen, die nicht an Politik und Wahlen interessiert sind.

In Bezug auf Partizipation kann gesagt werden, dass das Internet in seiner „verbesserten Version" die größte Chance unter den bestehenden Medien hat, einen intensiveren Austausch zwischen Politik und Bürger sicherzustellen. Um dieses Potenzial jedoch voll ausschöpfen zu können, muss der Wille dazu auch auf Seiten der Politik vorliegen. Zwei Beispiele stellen diesen Willen in Frage. Ségolène Royal erstellte ihr Wahlprogramm zwar im Internet-Dialog mit den Wählern, jedoch handelte es sich dabei nicht um einen transparenten Prozess. Es wurde nicht dargestellt, in welchem Umfang die Beiträge der Bürger eingeflossen sind und wie mit den Ideen im Einzelnen umgegangen wurde. Wäre Royal den Prinzipien des Web 2.0 und ihrem Motto der „démocratie participative" gefolgt, hätte auch der Prozess der Programmerstellung offengelegt werden müssen.

Die starke Einbindung von Internet-Videoportalen unterstreicht die Bedeutung von audiovisuellen Botschaften nach dem Vorbild von politischen Werbespots, auch wenn hier andere Produktionsformen genutzt werden. Die Herstellung von Internetvideos ist zudem kostengünstig. Weit wichtiger jedoch ist, dass es im Internet keine Restriktionen in Bezug auf Sendezeit und -Inhalte gibt. Die *CNN-YouTube-Debate* in Amerika illustriert den Versuch, die Reichweite der Kampagnen durch eine Kombination mit bereits etablierten Wahlkampfformaten zu erhöhen. Da Journalisten die Endauswahl der Videofragen an die Politiker vornahmen, kann konstatiert werden, dass den engagierten Nutzern auch hier nur eine beschränkte Kompetenz zugestanden wurde. Eine umfassende Teilhabe scheint somit nicht erwünscht.

Diese beiden Beispiele zeigen den Konflikt auf, in dem sich die Kampagnen im Web 2.0 befinden: Auf der einen Seite werden die Bürger zur Partizipation aufgerufen, auf der anderen Seite bleiben die Politiker in ihren bestehenden Handlungsmustern haften und wollen nicht die Kontrolle über die Inhalte verlieren. Dementsprechend nutzen die Kampagnen das Web 2.0 auch. Die direkte Vernetzung mit den Kandidaten ist erwünscht, jedoch steht bei dieser weniger der politische Inhalt als vielmehr die Person des Kandidaten im Mittelpunkt. Die vermeintlich authentischen Internetprofile auf Drittseiten wie *flickr* oder *facebook* sind Ergebnis strategischer Überlegungen politischer Berater. Spätestens hier wird die Umgehung von etablierten Gatekeepern wie Journalisten zum Problem: Die Bürger sind den Botschaften der Kommunikationsexperten direkt „ausgeliefert".

Die permanente Berichterstattung über Ergebnisse von Meinungsumfragen wird durch den Vergleich der Unterstützer-Statistiken weiter forciert. Hier stellt sich also eine zusätzliche Beschleunigung der Wahlkämpfe ein. Ebenso muss stets sichergestellt werden, dass auf Aktionen des politischen Gegners reagiert werden kann. Dies wird im Web 2.0 dadurch schwieriger, dass jeder Mensch mit einem Computer und zugehöriger Internetverbindung zu jeder Zeit und von jedem Ort der Welt in die Kampagne eingreifen kann. Das sieht man gerade im Bereich des Negative Campaigning besonders deutlich an dem Anti-Clinton-Video eines Obama-Unterstützers, welches bislang das am meisten gesehene Video aus dem Wahlkampfjahr 2007 ist.

Also geraten auch die Kampagnenplaner durch die Web-2.0-Kommunikationsmittel unter Druck. Der Einsatz dieser Angebote wird zum Standard. Noch erfahren die Kampagnen aufgrund der vermeintlich innovativen Wahlkampfführung ein hohes Medienecho in den klassischen Medien, da diese hier einen hohen Nachrichtenwert vermuten. Die Politiker erreichen somit viel Aufmerksamkeit. Jedoch steht dabei die Kampagne im Vordergrund, politische Inhalte geraten gegenüber der Darstellungsform in den Hintergrund. Der Wettkampf um die auch im Internet begrenzt vorhandene Aufmerksamkeit schreitet stetig voran.

Zusammengefasst kann gesagt werden, dass in Bezug auf den Wahlkampf als Sonderfall der politischen Kommunikation der Mehrwert des Web 2.0 bislang auf Seiten der Politiker liegt. Sie bekommen Unterstützung von vielen freiwilligen Helfern und erreichen über deren Netzwerke eine hohe Aufmerksamkeit. Außerdem werden Teile der Kampagnenarbeit ausgegliedert.

Für die in dieser Arbeit untersuchte Wahlkampfkommunikation kann gesagt werden, dass im Web 2.0 unter dem Schlagwort der Partizipation hauptsächlich die Interessen der Politiker vorangetrieben werden. Die Diskussion um ein „Mehr“ an Demokratie durch mehr Partizipation im Wahlkampf durch das Web 2.0 muss momentan als überhitzt eingestuft werden. Es besteht sogar die Gefahr der Fehldeutung in die Richtung, dass durch die bloße Einbeziehung des Bürgers über ein tendenziell partizipatives Medium auch die Beteiligung der Bürger in einem demokratischen Sinne erweitert wird. Das Potenzial, das die Anwendungen des Web 2.0 im Sinne einer Stärkung deliberativer Prozesse zweifellos in sich tragen, befindet sich noch in einem Schlummerzustand. Eine interessante Frage ist, ob sich die Web-2.0-Gemeinde mittelfristig gegenüber dem politischen System emanzipieren kann und die Umsetzung dieser Potenziale in der politischen Kommunikation einfordert.

Für eine weitere Beurteilung des Einsatzes von Web-2.0-Anwendungen in der Politik schließt sich nach den Wahlkämpfen nun die Frage an, ob und wie das Web 2.0 den Weg aus dem Werkzeugkasten der Kampagnenplaner in die „alltäglichen“ Politikprozesse finden kann. Hier muss beobachtet werden, inwieweit die neuen Kommunikationstools weiterentwickelt werden, um politische Realität auf eine breitere, demokratischere Basis zu stellen.

Abbildungsverzeichnis

Literatur

Abold, Roland (2006): „The Audience is listening. Nutzung und Akzeptanz von Weblogs im Bundestagswahlkampf 2005." In: komunikation@gesellschaft. Journal für alte und neue Medien aus soziologischer, kulturanthropologischer und kommunikationswissenschaftlichen Perspektive. Jg 7/2006. Online abgerufen am 22.6.2007: http://www.soz.uni-frankfurt.de/K.G/Inhalt_alt.html#Inhalt_Jg._7_2006.

Adest, Abbi (2006): „Rupert Murdoch Comments on Fox Interactive's Growth." Online abgerufen am 20.8.2007: http://seekingalpha.com/article/15237-rupert-murdoch-comments-on-fox-interactive-s-growth.

Alby, Tom (2007): Web 2.0. Konzepte, Anwendungen, Technologien. 2., aktualisierte Auflage. München: Carl Hanser.

Almond, Gabriel A. und Sidney Verba (1963): The Civic Culture. Political Attitudes and Democracy in Five Nations. Princeton: Princeton University Press.

Arnhold, Katja (2003): Digital Divide: Zugangs- oder Wissenskluft? München: Fischer.

Avram, Robin; Bosch, Marco; Otto, Jens und Christian Selz (2007): „Online Communities. Apologeten einer besseren Welt?" In: eculturefactory. Online abgerufen am 20.8.2007: http://www.eculturefactory.de/download/onlinecommunities.pdf.

Baerns, Barbara (1987): Macht der Öffentlichkeitsarbeit und Macht der Medien. In: Sarcinelli, Ulrich (Hrsg.): Politikvermittlung. Beiträge zur politischen Kommunikationskultur. Bonn: Bundeszentrale für politische Bildung, S. 147-160.

Balzert, Helmut (1998): Lehrbuch der Software-Technik. Software-Management, Software-Qualitätssicherung, Unternehmensmodellierung. Heidelberg: Spektrum Verlag.

Bernays, Edward L. (1928): Propaganda. New York: Horace Liveright Inc.

Bieber, Christoph und Claus Leggewie (2003): Demokratie 2.0. Wie tragen neue Medien zur demokratischen Erneuerung bei? In: Offe, Claus (Hrsg.): Demokratisierung der Demokratie. Diagnosen und Reformvorschläge. Frankfurt a. M.: Campus, S. 124-151.

Bieber, Christoph (1999): Politische Projekte im Internet. Online-Kommunikation und politische Öffentlichkeit. Frankfurt a. M., New York: Campus Verlag.

Bieber, Christoph (2002): „Online Wahlkampf 2002. Formate und Inhalte der digitalen Politikarena." In: Media Perspektiven 6/2002, S. 277-283.

Bieber, Christoph (2004): „Deans Fehler im Online-Wahlkampf." In: Politik Digital. Online abgerufen am 1.7.2007: http://politik-digital.de/edemocracy/wahlkampf/us04dean.shtml.

Bieber, Christoph (2006): „Weblogs, Podcasts und die Architektur der Partizipation." In: Forschungsjournal Neue Soziale Bewegungen, Jg. 19, 2/2006, S. 60-67.

Bieber, Christoph (2007): „Sarkozy vs. Royal: Entscheidung im Fernsehduell." Online abgerufen am 1.9.2007:

http://www.heise.de/tp/r4/artikel/25/25187/1.html.
Böckelmann, Frank (1975): Theorie der Massenkommunikation. Frankfurt am Main: Suhrkamp.
Bolz, Norbert (2001): „Informationsgesellschaft oder Wissensgesellschaft? Ein Unterschied, der einen Unterschied macht." Vortrag im Rahmen des Wirtschaftsforum 10: Information und Kommunikation – Kompetenz im Dialog, am 15. November 2001. Online abgerufen am 3.8.2007: http://duepublico.uni-duisburg-essen.de/servlets/DocumentServlet?id=10440.
Bonfadelli, Heinz (1994): Die Wissenskluftperspektive. Konstanz: Ölschläger.
Bonfadelli, Heinz (2004): Medienwirkungsforschung I und II. Konstanz: UVK .
Bréchon, Pierre (Hrsg.) (2002): Les élections présidentielles en France. Quarante ans d'histoire politique. Paris: La documentation Française.
Brecht, Bertolt (1932): „Der Rundfunk als Kommunikationsapparat." Rede über die Funktion des Rundfunks (Radiotheorie). In: Brecht, Bertolt (1997): Ausgewählte Werke in sechs Bänden, 6. Bd. Frankfurt a. M.: Suhrkamp.
Cann, Yves-Maie und Frédéric Dabi (2006): „Enquête Ifop-Panel Maximiles. L'observatoire 2006-2007 de la netcampagne présidentielle." Online abgerufen am 17.9.2007:
http://www.ifop.com/europe/docs/netcampagne.pdf.
Coates, Tom (2003): „On Permalinks and Paradigms..." Online abgerufen am 20.7.2007:
http://www.plasticbag.org/archives/2003/06/on_permalinks_and_paradigms/.
Christadler, Marieluise: „Frankreichs politische Kultur auf dem Prüfstand." In: Kimmel, Adolf und Henrik Uterwedde (Hrsg.) (2005): Länderbericht Frankreich. Geschichte, Politik, Wirtschaft, Gesellschaft. 2., aktualisierte Auflage. Bonn: Bundeszentrale für politische Bildung, S. 231-246.
Clinton, Hillary R. (2007a): „I'm in." Internet-Video. Online abgerufen am 14.8.2007: http://youtube.com/watch?v=SJuRQZ2ZGTs.
Clinton, Hillary R. (2007b): „I Need Your Advice." Internet-Video. Online abgerufen am 1.10.2007: http://www.youtube.com/watch?v=3FV7XU-TLMU.
Clinton, William J. (1997): „Inaugural Address in 1997."
Online abgerufen am 1.9.2007:
http://www.school-for-champions.com/speeches/clinton_second_inaugural
Couve, Philippe (2006): „France - Histoire de l'élection présidentielle. 1965 - de Gaulle, le ballotage et la télévision." Online abgerufen am 1.9.2007:
http://www.rfi.fr/actufr/articles/080/article_45700.asp.
De Boisseu, Laurent (2007): „Élection présidentielle 2007." Online abgerufen am 19.9.2007: http://www.france-politique.fr/election-presidentielle-2007.htm.
De Vellis, Philip (2007): „Vote Different." Internet-Video. Online abgerufen am 2.10.2007: http://www.youtube.com/watch?v=6h3G-lMZxjo.
Dean, Howard (2004): „Blog for America." Online abgerufen am 1.9.2007:
http://web.archive.org/web/20040126065747/http://blogforamerica.com/.

Diekmann, Andreas (1998): Empirische Sozialforschung Grundlagen, Methoden, Anwendungen. 4., aktualisierte Auflage. Hamburg: Rowolth Taschenbuchverlag.

Doering-Manteuffel, Anselm (1999): Wie westlich sind die Deutschen? Amerikanisierung und Westernisierung im 20. Jahrhundert. Göttingen: Vandenhoek & Ruprecht.

Donges, Patrick und Otfried Jarren (2002): Politische Kommunikation in der Mediengesellschaft. Eine Einführung. Band 1: Verständnis, Rahmen und Strukturen. Opladen: Westdeutscher Verlag.

Donges, Patrick und Otfried Jarren (1999): „Politische Öffentlichkeit durch Netzkommunikation?" In: Kamps, Klaus (Hrsg.): Elektronische Demokratie? Perspektiven politischer Partizipation. Opladen: Westdeutscher Verlag, S. 85-108.

Edelmann, Murray (1976): Politik als Ritual. Die symbolische Funktion staatlicher Institutionen und politischen Handelns. Frankfurt, New York: Campus Verlag.

Emmer, Martin und Gerhard Vowe (2004): „Mobilisierung durch das Internet? Ergebnisse einer empirischen Längsschnittuntersuchung zum Einfluss des Internets auf die politische Kommunikation der Bürger." In: Politische Vierteljahresschrift, Jg. 45, Heft 2, S. 191-212.

Engel, Alexander (2006): „Grundzüge der Marketinggeschichte. Vom betrieblichen Absatzinstrument zur universellen Sozialtechnik." Manuskript der Tagung der Gesellschaft für Unternehmensgeschichte am Institut für Wirtschafts- und Sozialgeschichte der Universität Göttingen. Online abgerufen am 31.7.2007: http://hsozkult.geschichte.hu-berlin.de/tagungsberichte/id=1084&view=print.

Engell, Lorenz (Hrsg.) (2000): Kursbuch Medienkultur: die maßgeblichen Theorien von Brecht bis Baudrillard. Stuttgart: Deutsche Verlags-Anstalt.

Esser, Frank und Barbara Pfetsch (Hrsg.) (2003): Politische Kommunikation im internationalen Vergleich. Grundlagen, Anwendungen, Perspektiven. Wiesbaden: Westdeutscher Verlag.

Eurostat, ohne Autor (2006): „Structural Indicators – Level of Internet Access." Online abgerufen am 15.10.2007: http://epp.eurostat.ec.europa.eu/portal/page?_pageid=1996,39140985&_dad=portal&_schema=PORTAL&screen=detailref&language=de&product=STRIND_INNORE&root=STRIND_INNORE/innore/ir031.

Faulstich, Werner (2002): Die bürgerliche Mediengesellschaft 1700 – 1830. Göttingen: Vandenhoek & Ruprecht.

Filzmaier, Peter und Fritz Plasser (2001): Wahlkampf um das Weiße Haus. Presidential Elections in den USA. Opladen: Leske und Budrich.

Fluck, Winfried (1998): „‚Amerikanisierung' der Kultur. Zur Geschichte der amerikanischen Populärkultur." In: Wenzel, Harald (Hrsg.): Die Amerikanisierung des Medienalltags. Frankfurt a. M., New York: Campus, S. 13-52.

Fluck, Winfried (1999): „Amerikanisierung und Modernisierung." In: Transit – Europäische Revue. 17/1999, S. 55-71.

Frickel, Claudia (2007): „Zehn Irrtümer über die virtuelle Welt." Online abgerufen am 20.8.2007: http://www.focus.de/digital/games/second_life/tid-5536/ second-life-hype_aid_53676.html.

Früh, Werner (2001): Inhaltsanalyse. Theorie und Praxis. 5., aktualisierte Auflage. Konstanz: UVK Verlag.

Geelhaar, Tim (2007): „Sarkozys Hochdruckreiniger in Second Life." Online abgerufen am 1.10.2007: http://www.politik-digital.de/edemocracy/wahlkampf/frankreich/tgeelhaar_selbstversuch_frankreich_070412.shtml.

Gerstlé, Jacques; Davis, Dennis K. und Olivier Duhamel (1991): „Television News and the Construction of Political Reality in France and the United States." In: Kaid, Lynda L.; Sanders, Keith A. und Jacques Gerstlé: Mediated politics in two cultures: presidential campaigning in the United States and France. New York: Praeger Publishers, S.119-143.

Gleich, Uli (2004): Digital Divide: Führen Internet und Digitales Fernsehen zu einer neuen Wissenskluft? In: Media Perspektiven 5/2004, S. 233-237.

Goldhaber, Michael (1997): „Die Aufmerksamkeitsökonomie und das Netz." Online abgerufen am 1.7.2007: http://www.heise.de/tp/r4/artikel/6/6195/1.html (Teil 1) sowie http://www.heise.de/tp/r4/artikel/2/2293/1.html (Teil2).

Haas, Tanni (2005): „From Public Journalism to Public's Journalism? Rhetoric and reality in the discourse on weblogs." In: Journalism Studies, Jg. 6, Heft 3, S. 387-396.

Habermas, Jürgen (1971): Strukturwandel der Öffentlichkeit. Untersuchungen einer Kategorie der bürgerlichen Gesellschaft. Neuwied: Luchterhand.

Hampden-Turner, Charles and Alfons Trompenaars (1993): The Seven Cultures of Capitalism. New York: Currency & Doubleday.

Healy, Patrick (2007): „Clinton Raises $27M in 3rd Quarter." Online abgerufen am 3.9.2007: http://thecaucus.blogs.nytimes.com/2007/10/02/clinton-raises-27m- in-3rd-quarter/.

Healy, Patrick und Jeff Zeleny (2007): „Clinton enters '08 Field, Fueling Race for Money." Online abgerufen am 1.9.2007: http://www.nytimes.com/2007/01/21/us/politics/21hillary.html.

Hoecker, Beate (2002): „Mehr Demokratie via Internet? Die Potenziale der digitalen Technik auf dem empirischen Prüfstand." In: Aus Politik und Zeitgeschichte. Beilage zur Wochenzeitung Das Parlament 39-40/2002, S. 37-44. Bonn: Bundeszentrale für politische Bildung.

Hoff, Benjamin und Florian von Alemann (2002): „Unerwarteter Rechtsruck in Frankreich? Le Pens Wahlerfolg – nur ein Betriebsunfall? Das französische Parteiensystem steckt in der Krise." In: Vorgänge – Zeitschrift für Bürgerrechte und Gesellschaftspolitik, 41. Jahrgang, Dezember 2002, Heft 4, S. 106-114.

Hoinle, Marcus (1999): Metaphern in der politischen Kommunikation. Eine Untersuchung der Weltbilder und Bilderwelten von CDU und SPD. Konstanz: Hartung-Gorre Verlag.

Holtz-Bacha, Christina (1997): „Das fragmentierte Medien-Publikum. Folgen für das politische System." In: Aus Politik und Zeitgeschichte. Beilage zur Wochenzeitung Das Parlament. Heft 42, S. 13-21. Bonn: Bundeszentrale für politische Bildung.

Holtz-Bacha, Christina (Hrsg.) (2006): Die Massenmedien im Wahlkampf. Die Bundestagswahl 2005. Wiesbaden: VS Verlag für Sozialwissenschaften.

Horrigan, John B. (2006): „Online News. For many home broadband users, the internet is a primary news source." Washington:. Pew Internet & American Life Projekt. Online abgerufen am 3.8.2007: http://www.pewinternet.org/pdfs/PIP_News.and.Broadband.pdf.

Hübner, Emil (2003): Das politische System der USA. 5., aktualisierte Auflage. München: Beck.

Hunt, Benjamin (2007): „Web 2.0 how-to design guide." Online abgerufen am 20.9.2007: http://www.webdesignfromscratch.com/web-2.0-design-style-guide.cfm#.

Initiative Pro Dialog (2007): Moderner Wahlkampf und politisches Marketing am Beispiel der Präsidentschaftswahlen 2007 in Frankreich. Online abgerufen am 1.9.2007: http://www.prodialog.org/pages/download.php?id=Frankreich-Studie.pdf&PHPSESSID=hupj9l6knuv7dub88c8o8al1j5.

Iyengar, Shanto und Donald R. Kinder (1987): News that Matters. Televison and American Opinion. Chicago, Univesity of Chicago Press.

Jaklin, Peter (1998): Wertewandel und Medien. Eine vergleichende Untersuchung über die Bedeutung graphisch animierter Fernsehsendungen im Prozeß der Wertevermittlung bei Grundschulkindern. Baden-Baden: Battert Verlag.

Jarren, Otfried (1998): „Internet – neue Chancen für die politische Kommunikation?" In: Aus Politik und Zeitgeschichte, Heft 40, S. 13-21. Bonn: Bundeszentrale für politische Bildung.

Jarren, Otfried und Ulrich Sarcinelli (1998): „Politische Kommunikation als Forschungs- und als politisches Handlungsfeld: Einleitende Anmerkungen zum Versuch der systematischen Erschließung." In: Jarren, Otfried; Sarcinelli, Ulrich und Ulrich Saxer (Hrsg.): Poltische Kommunikation in der demokratischen Gesellschaft. Ein Handbuch mit Lexikonteil. Opladen: Westdeutscher Verlag, S. 13-20.

Jk/c't (2000): „Amazon.com: Der König der roten Zahlen." Online abgerufen am 1.7.2007: http://www.heise.de/newsticker/meldung/9251.

Jk/c't (2006): „Google ist an der Wall Street mehr wert als IBM." Online abgerufen am 1.7.2007: http://www.heise.de/newsticker/meldung/79930/from/rss09.

Juliussen, Egil (2007): „Internet User Forecast by Country. An estimate and Forecast of Internet Users in 57 Countreis and 6 Regions of the World." Online abgerufen am 1.9.2007:

http://www.etforecasts.com/products/ES_intusersv2.htm#1.0.

Kaid, Lynda L. und Christina Holtz-Bacha (2006): The SAGE handbook of political advertising. Thousand Oaks: Sage.

Kaid, Lynda L.; Sanders, Keith A. und Jacques Gerstlé (1991): „Commonalities, Differences, and Lessons Learned from Comparative Communication Research." In: Kaid, Lynda L.; Sanders, Keith A. und Jacques Gerstlé: Mediated politics in two cultures: presidential campaigning in the United States and France. New York: Praeger Publishers, S.271-282.

Kaid, Lynda L. (1998): „Videostyle and the effects of the 1996 Presidential Campaign Advertising." In: Denton, Robert E (Hrsg.): The 1996 Presidential Campaign: A Communication Perspective. Westport CT: Praeger Publishing, S. 143-160.

Kaltenthaler, Heike (2000): Das Geheimnis des Wahlerfolgs: Negative Campaigning in den USA. Frankfurt a.M. u.a.: Lang.

Kamps, Klaus (2007): Politisches Kommunikationsmanagement. Grundlagen und Professionalisierung moderner Politikvermittlung. Wiesbaden: VS Verlag für Sozialwissenschaften.

Kappes, Christoph (2007): „Online-Welt statt Fußgängerzone. In Deutschland wächst die Erkenntnis, dass Wahlkämpfe auch im Internet gewonnen werden - doch die Parteien sind noch zögerlich." Online abgerufen am 14. August 2007:
http://www.sueddeutsche.de/deutschland/artikel/332/125146/.

Kleinsteuber, Hans J. (1992): „Politische Kommunikation." In: Nohlen, Dieter und Manfred G. Schmidt (Hrsg.): Lexikon der Politik. Bd. 3: Die westlichen Länder. München: Beck, S. 353-359

Klingemann, Hans-Dieter und Katrin Voltmer (1998): „Politische Kommunikation als Wahlkampfkommunikation." In: Jarren, Otfried; Sarcinelli, Ulrich und Ulrich Saxer (Hrsg.): Poltische Kommunikation in der demokratischen Gesellschaft. Ein Handbuch mit Lexikonteil. Opladen: Westdeutscher Verlag, S. 396-405.

Kübler, Hans-Dieter (2003): Kommunikation und Medien. Eine Einführung. Münster: LIT Verlag.

Lagroye, Jacques (1991): Sociologie politique. Paris: Presses de la Fondation Nationale des Sciences Politiques.

Lazarsfeld, Paul F.; Berelson, Bernard und Hazel Gaudet (1944): The People's choice. How the Voter makes up his mind in a presidential campaign. New York, Columbia University Press. (3rd edition 1968).

Lederer, Andreas (2004): „Dean verändert moderne Wahlkämpfe." Online abgerufen am 1.7.2007: http://politik-digital.de/edemocracy/wahlkampf/ ridder.shtml.

Leggewie, Claus (2007): „Rampensäue, bitte zurücktreten! Vom Blogger-Narzissmus zum Paradigma Kollaboration." In: Weibel, Peter (Hrsg.): Weblogs, Podcasting und Videojournalismus. Neue Medien zwischen demokratischen und ökonomischen Potenzialen. Hannover: Heise, S. 42-57.

Le Meur, Loic (2007): „Closing the Sarkozy campaign chapter." Online abgerufen am 9.5.2005:
http://www.loiclemeur.com/english/2007/05/closing_the_sar.html.

Lijphart, Arend (1984): Democracies – Patterns of Majoritarian and Consensus Government in 21 Countries. New Haven: Yale University Press.

Llanque, Markus und Herfried Münkler (1998): „Ideengeschichte (Politische Philosophie)." In: Jarren, Otfried; Sarcinelli, Ulrich und Ulrich Saxer (Hrsg.) (1998): Poltische Kommunikation in der demokratischen Gesellschaft. Ein Handbuch mit Lexikonteil. Opladen: Westdeutscher Verlag, S. 65-80.

Lösche, Peter (2004a): „Merkmale der Präsidialdemokratie." In: Politisches System der USA – Informationen zur politischen Bildung. Bundeszentrale für politische Bildung Nr. 283/2004, S. 7-13.

Lösche, Peter (2004b): „Macht und Ohnmacht des Präsidenten." In: Politisches System der USA – Informationen zur politischen Bildung. Bundeszentrale für politische Bildung Nr. 283/2004, S. 13-28.

Loth, Wilfried: „Von der IV. zur V. Republik." In: Kimmel, Adolf und Henrik Uterwedde (Hrsg.) (2005): Länderbericht Frankreich. Geschichte, Politik, Wirtschaft, Gesellschaft. 2. aktualisierte Auflage. Bonn: Bundeszentrale für politische Bildung, S. 63-84.

Luhmann, Niklas (1996): Die Realität der Massenmedien. 2., erweiterte Auflage. Opladen: Westdeutscher Verlag.

Luzar, Katrin (2003): Inhaltsanalyse von webbasierten Informationsangeboten. Entwicklung eines Frameworks für die Verbindung von inhaltlicher und struktureller Analyse von Webinhalten – Perspektiven einer adaptierten Methode. Norderstedt: Books on Demand.

McCombs, Maxwell E. und Donald L. Shaw (1977): The Emergence of American Political Issues: The Agenda-Setting Function of the Press. St. Paul, West Publishing.

Meckel, Miriam (1999): „Cyberpolitics und Cyberpolicy." In: Kamps, Klaus (Hrsg.): Elektronische Demokratie? Perspektiven politischer Partizipation. Opladen: Westdeutscher Verlag, S 229-244.

Meier, Nicola (2007): „Open Business Club. Sehen, was funktioniert und was nicht." Online abgerufen am 13.9.2007:
http://www.stern.de/wirtschaft/arbeit-karriere/karriere/:Open-Business-Club-Sehen,/591430.html#.

Merz, Manuel; Rhein, Stefan und Julia Vetter (2006): Wahlkampf im Internet. Handbuch für die politische Online-Kampagne. Münster, Berlin: LIT Verlag.

Müller, Albrecht (1999): Von der Parteiendemokratie zur Mediendemokratie. Beobachtungen zum Bundestagswahlkampf 1998 im Spiegel früherer Erfahrungen. Opladen: Leske & Budrich.

Neuberger, Christoph (2003): „Google, Blogs & Newsbots. Mediatoren der Internetöffentlichkeit." Online abgerufen am 3.8.2007:
http://www.bpb.de/veranstaltungen/KRXAAV,0,0,Google_Blogs_Newsbots.html.

Noelle-Neumann, Elisabeth (1982): Die Schweigespirale. Öffentliche Meinung – unsere soziale Haut. Frankfurt a. M., Ullstein.

Noelle-Neumann, Elisabeth (1986): Lesen in der Informationsgesellschaft (Gutenberg-Jahrbuch 61). Mainz: Gutenberg-Gesellschaft.

Nohlen, Dieter (Hrsg.) (1998): Lexikon der Politik. München: Beck.

Nullmeier, Frank; Hurrelmann, Achim und Katharina Liebsch (2002): „Wie ist argumentative Entscheidungsfindung möglich? Deliberation in Versammlungen und Internetforen." In: Leviathan 30. Jg., Heft 4, S. 544-564.

NZZ, Neue Züricher Zeitung, ohne Autor (2006): „Zukunft 2.0. Droge, Religionsersatz oder Zukunftstechnologie?" Online abgerufen am 15.8.2007: http://www.nzz.ch/2006/01/13/em/articleDHFG7.html?printview=true.

O'Reilly, Tim (2005): „What is Web 2.0? Design Patterns and Business Models fort he Next Generation of Software." Online abgerufen am 2.5.2007: http://www.oreillynet.com/pub/a/oreilly/tim/news/2005/09/30/what-is-web-20.html.

Oates, Sarah; Owen, Diana und Rachel K. Gibson (2006): The Internet and Politics. Citizens, voters and activists. London, New York: Routledge Taylor & Francis Group.

Obama, Barack (2007a): „Watch Video of NYC Rally - Donate Now and Double Your Impact." Online abgerufen am 19.9.2007: https://donate.barackobama.com/page/contribute/eoq3matcher?source=20070919splash.

Obama, Barack (2007b): Profile-page on www.facebook.com. Online abgerufen am 20.9.2007: http://www.facebook.com/person.php?id=2355496748#.

Obama, Barack (2007c): „Personal Fundraising Page." Online abgerufen am 22.9.2007: http://my.barackobama.com/page/outreach/settings/main.

Orwell, George (1949): Nineteen Eighty-Four. London: Martin Secker & Warburg Ltd. Published with an Introduction from Thomas Pynchon in 2003 by Penguin Books.

Overby, Peter (2007): „Big Campaigns Undermine Public-Financing System." Online abgerufen am 1.9.2007: http://www.npr.org/templates/story/story.php?storyId=6881333.

Page, Susan (2003): „Dean draws fire for sealing some records." Online abgerufen am 27. Juli 2007: http://www.usatoday.com/news/politicselections/nation/2003-12-02-dean-under-fire_x.htm.

Parsons, Talcott (1966): The structure of social action. A study in social theory with special reference to a group of recent European writers. 4. Auflage. New York, Free Press of Glencoe.

Patalong, Frank (2006): „Die Blase 2.0. Von Friendster bis YouTube." Online abgerufen am 15.8.2007: http://www.spiegel.de/netzwelt/web/0,1518,druck-445458,00.html.

Perloff, Richard M. (1998): Political Communication. Politics, Press and Public in America. Mahwah NJ, London: Lawrence Erlbaum Associates Inc.

Pfetsch, Barbara (2003): „Politische Kommunikationskultur – ein theoretisches Konzept zur vergleichenden Analyse politischer Kommunikationssysteme.“ In: Esser, Frank und Barbara Pfetsch: Politische Kommunikation im internationalen Vergleich. Grundlagen, Anwendungen, Perspektiven. Wiesbaden: Westdeutscher Verlag, S. 393 – 418.

Pham, Khuê (2007): „Sex, Politics, Shopping and Terrorism. Second Life Just Like The First.“ Online abgerufen am 21.82007: http://www.focus.de/digital/games/second_life/tid-5536/second-life-hype_aid_53676.html.

Plasser, Fritz (2003): Globalisierung der Wahlkämpfe: Praktiken der Campaign Professionals im weltweiten Vergleich. Wien: WUV-Universitätsverlag.

Radunski, Peter (1996): „Politisches Kommunikationsmanagement. Die Amerikanisierung der Wahlkämpfe.“ In: Bertelsmann Stiftung (Hrsg.): Politik überzeugend vermitteln. Wahlkampfstrategien in Deutschland und den USA. Gütersloh: Verlag Bertelsmann Stiftung, S. 33-52.

Ritzer, George (1998): The McDonaldization Thesis. London, Thousand Oaks, New Delhi: Sage.

Römmele, Andrea (2002): Direkte Kommunikation zwischen Parteien und Wählern. Professionalisierte Wahlkampftechnologien in den USA und in der BRD. Wiesbaden: Westdeutscher Verlag.

Röttgers, Janko (2003): „Die Kuscheligste Präsidentschafts-Kampagne.“ Online abgerufen am 5.8.2007: http://www.heise.de/tp/r4/artikel/15/15263/1.html.

Rötzer, Florian (2007): „Die zweite Welt ist noch eine Geisterstadt.“ Online abgerufen am 1.9.2007: http://www.heise.de/tp/r4/artikel/25/25975/1.html.

Ronneberger, Franz (1977): Legitimation durch Information. Düsseldorf: Econ Verlag.

Roth, Judith (2005): Internetstrategien von Lokal- und Regionalzeitungen. Wiesbaden: VS Verlag für Sozialwissenschaften.

Royal, Ségolène (2007): „Désirs d'avenir. Le Pacte Présidentiel.“ Online abgerufen am 1.8.2007: http://www.desirsdavenir.org/actions/telecharge_pacte.php.

Rust, Holger (1977): Massenmedien und Öffentlichkeit. Eine soziologische Analyse. Berlin: Volker Spieß Verlag.

Sarkozy, Nicolas (2007): „Human Bomb.“ Internet-Video. Online abgerufen am 3.9.2007: http://www.dailymotion.com/video/x1tber_sarkozy-human-bomb.

Saxer, Ulrich (1998): „System, Systemwandel und politische Kommunikation.“ In: Jarren, Otfried; Sarcinelli, Ulrich und Ulrich Saxer (Hrsg.) (1998): Poltische Kommunikation in der demokratischen Gesellschaft. Ein Handbuch mit Lexikonteil. Opladen: Westdeutscher Verlag, S. 21-64.

Saxer, Ulrich (2007): Politik als Unterhaltung. Zum Wandel politischer Öffentlichkeit in der Mediengesellschaft. Konstanz: UVK Verlagsgeselschaft.

Schild, Joachim und Henrik Uterwedde (2006): Frankreich. Politik, Wirtschaft, Gesellschaft. 2., aktualisierte Auflage. Wiesbaden: VS Verlag für Sozialwissenschaften.

Schmidt, Manfred G. (1999): Lexikon der Politik. Band 3: Die westlichen Länder. München: Beck.
Schmidt, Manfred G. (2004): Wörterbuch zur Politik. 2., vollständig überarbeitete und erweiterte Auflage. Stuttgart: Kröner.
Schmiester, Carsten (2007): „‚Anti-Hillary-Video' im Internet. Gerät der US-Wahlkampf außer Kontrolle?" Online abgerufen am 2.10.2007: http://www.tagesschau.de/ausland/meldung47750.html.
Schönbach, Klaus (1977): Trennung von Nachricht und Meinung. Empirische Untersuchung eines journalistischen Qualitätskriteriums. Freiburg: Alber.
Scholz, Stefan (2004): „Vom Traum der Internet-Agora zur Realität der Online-Kampagne. Thesen zu Zukunftstrends von Online-Kampagnen." In: Forum Medien Politik (Hrsg.): Trends der politischen Kommunikation. Münster: LIT Verlag, S. 194-202.
Schulz, Winfried (1997): Politische Kommunikation. Theoretische Ansätze und Ergebnisse empirischer Forschung. Opladen, Wiesbaden: Westdeutscher Verlag.
Schulz, Winfried (1998): „Wahlkampf unter Vielkanalbedingungen. Kampagnenmanagement, Informationsnutzung und Wählerverhalten." In: Media Perspektiven, 8/98, S. 378-391.
Seelye, Katharine Q. und Sarah Wheaton (2007): „Obama's MySpace Conundrum." Online abgerufen am 10.6.2007: http://thecaucus.blogs.nytimes.com/2007/05/02/obamas-myspace-conundrum/.
Seifert, Markus (2006): „Neue Demokratie durch das Internet? Zum Einfluss des Netzes auf die bürgerschaftliche Kommunikation." In: Forschungsjournal Neue Soziale Bewegungen, Jg. 19, 2/2006, S. 48-59.
Shirky, Clay (2004): „Exiting Deanspace." In: Exterme Democracy. The book and discussion forum for networked activists. Online abgerufen am 1.8.2007: http://extremedemocracy.com/chapters/Chapter15-Shirky.pdf.
Sifry, David (2007): „The state of the Live Web, April 2007." Online abgerufen am 20.8.2007: http://technorati.com/weblog/2007/04/328.html.
Sixtus, Mario (2005): „Humanisierung des Netzes." Online abgerufen am 15.8.2007: http://www.zeit.de/2005/35/C-Humannetz.
Skrenta, Rich (2005): „The Incremental Web." Online abgerufen am 20.8.2007: http://blog.topix.com/archives/000066.html.
Staab, Joachim F. (1990): Nachrichtenwert-Theorie. Formale Struktur und empirischer Gehalt. Freiburg: Alber.
Stöcker, Christian (2006): „Zerreiß mich, kopier mich!" Online abgerufen am 13.4.2007: http://www.spiegel.de/netzwelt/web/0,1518,411147,00.html.
Telekom, ohne Autor (2006): „VDSL – das Breitbandnetz der Zukunft." Online abgerufen am 1.8.2007: http://www.telekom.com/dtag/cms/content/dt/de/6782.
Thiedeke, Udo (Hrsg.) (2003): Virtuelle Gruppen. Charakteristika und Problemdimensionen. 2., überarbeitete Auflage. Wiesbaden: Westdeutscher Verlag

Tichenor, Phillip J.; Donohue, George A. und Claice N. Olien (1970): „Mass Media flow and differential growth in knowledge." In: Public Opinion Quarterly. Oxford: Oxford University Press, S. 159-170.

Trippi, Joe (2004): The revolution will not be televised. Democracy, The Internet and the overthrow of everything. New York: Harper Collins.

Vogel, Wolfram (2004): „Charakteristika des Politischen Systems." In: Frankreich – Informationen zur politischen Bildung. Bundeszentrale für politische Bildung. Nr 285/2004, S. 37-44.

Vorländer, Hans (1997): Hegemonialer Liberalismus. Politisches Denken und politische Kultur in den USA 1776-1920. Frankfurt a.M.: Campus Verlag.

Vorländer, Hans (2004): „Politische Kultur." In: Lösche, Peter und Diedrich von Löffelholz (Hrsg.): Länderbericht Amerika. Geschichte, Politik, Wirtschaft, Gesellschaft, Kultur. 4., aktualisierte Auflage. Bonn: Bundeszentrale für politische Bildung, S. 288-318.

Vowe, Gerhard (2007): Politische Online Kommunikation (DFG-Forschungsprojekt). Beschreibung des Projektes an der Universität Düsseldorf. Online abgerufen am 03.8.2007:
http://www.sowi.uni-duesseldorf.de/HHU/fakultaeten/phil/sowi/mewi/mewi1/lehre/forschung_html/online-kommunikation_vowe_html.

Vza/c't (2005): „Apple veröffentlicht iTunes 4.9." Online abgerufen am 15.8.2007: http://www.heise.de/newsticker/meldung/61130.

Wagner, Andreas (2005): „Mit Google-Anzeigen gegen die Unruhen in Frankreich." Online abgerufen am 1. Mai 2005: http://www.politik-digital.de/ e-democracy/netzkampagnen/ awagnerGoogFrank051207.shtml.

Weischenberg, Siegfried (1998): „In Szene gesetzt. Amerikanisierung der Politik." In: Journalist, 5/98, S. 13-16.

Welz, Hans-Georg (2002): „Politische Öffentlichkeit und Kommunikation im Internet." In: Aus Politik und Zeitgeschichte. B 39-40/2002. Bonn: Bundeszentrale für politische Bildung, S. 3-11.

Wendler, Markus (2004): „Gewinner im Netz, Verlierer an der Urne." Online abgerufen am 1.8.2007 unter: http://www.politik-digital.de/edemocracy/wahlkampf/us04internet.shtml.

West, Darrell M. (2001): Air Wars. Television Advertising in Election Campaigns 1952-2000. Washington DC: Congressional Quarterly Press.

Winteroff-Spurk, Peter (1999): „Auf dem Weg in die mediale Klassengesellschaft? Psychologische Beiträge zur Wissenskluft-Forschung." In: medienpraktisch 3/99, S. 17-22.

Wise, Jeff (1995): „Is there a West?" In: Time Magazine, 1995 Vol. 146, No. 25. Online abgerufen am 24.7.2007:
http://www.time.com/time/international/1995/951218/essay.html.

Witte, Barbara (2008): „Journalismus – Partizipation – Öffentlichkeit." In: Zerfaß, A.; Welker, M. und J. Schmidt (Hrsg.): Kommunikation, Partizipation und Wirkungen im Social Web, Band 2: Strategien und Anwendungen: Perspekti-

ven für Wirtschaft, Politik, Publizistik. Köln: Herbert von Halem-Verlag. *Im Erscheinen.*
Wolton, Dominique (1990): „Political Communication: The Construction of a Model." In: European Journal of Communciation 5, S. 9-28.
Wood, A.F. und M.J. Smith (2005): Online communication: Linking technology, identity, & culture, 2nd ed. Mahwah, NJ: Lawrence Erlbaum.
Zschunke, Peter (2006): „Internet der nächsten Generation." Online abgerufen am 15.8..2007:
http://stern.de/computer-technik/computer/556779.html?eid=556325.

Vielen Dank für die Unterstützung in Rat und Tat:

Prof. Dr. Barbara Witte,
Prof. Dr. Lothar Probst,
Familie & Freunde.

Zeitfracht Medien GmbH
Ferdinand-Jühlke-Straße 7
99095 Erfurt, Deutschland
produktsicherheit@kolibri360.de